U0628219

小学语文课程教学设计多维研究

康海荣 著

北京工业大学出版社

图书在版编目（CIP）数据

小学语文课程教学设计多维研究 / 康海荣著. — 北
京 ：北京工业大学出版社， 2021.10 重印
ISBN 978-7-5639-6673-8

Ⅰ．①小… Ⅱ．①康… Ⅲ．①小学语文课－课堂教学
－教学研究 Ⅳ．① G623.202

中国版本图书馆 CIP 数据核字（2019）第 022295 号

小学语文课程教学设计多维研究

著　　者：康海荣
责任编辑：张　娇
封面设计：点墨轩阁
出版发行：北京工业大学出版社
　　　　　（北京市朝阳区平乐园 100 号　邮编：100124）
　　　　　010-67391722（传真）　　bgdcbs@sina.com
经销单位：全国各地新华书店
承印单位：三河市元兴印务有限公司
开　　本：787 毫米 ×1092 毫米　1/16
印　　张：10.75
字　　数：215 千字
版　　次：2021 年 10 月第 1 版
印　　次：2021 年 10 月第 2 次印刷
标准书号：ISBN 978-7-5639-6673-8
定　　价：35.00 元

版权所有翻印必究

（如发现印装质量问题，请寄本社发行部调换 010-67391106）

前　言

　　小学语文课程是基础教育课程体系的根基，小学语文课程构建与教学质量的优劣，很大程度上决定了基础教育能否为小学生奠定一个良好的学习起点。小学语文教师如果不具备小学语文课程构建与教学设计的相关理论知识与专业修养，就难以适应当今基础教育发展新形势下的客观要求。学习、研究、思考小学语文课程与教学工作，探寻提高小学语文教学质量的有效路径，是小学语文课程教学设计多维研究关注的焦点问题与自身的学科使命。

　　本书第一章，主要阐述了小学语文课程的性质与地位、我国小学语文课程设置的历史沿革、我国小学语文新课程的价值取向与语文教学范式转型、我国小学语文新课程标准的设计思路、语文学习与学生发展等内容；第二章主要阐述了小学语文课程教学的理论与实践基础、基本任务与基本理念等内容；第三章主要阐述了小学语文识字与写字教学的意义与目标、内容与方法设计以及应注意的问题等内容；第四章主要阐述了小学语文口语交际教学的意义与目标，基本规律、途径与方法设计以及应注意的问题等内容；第五章主要阐述了小学语文阅读教学的意义与目标、过程设计、基于言语内容的小学语文阅读教学设计、基于言语形式的小学语文阅读教学设计以及小学语文阅读教学应注意的问题等内容；第六章主要阐述了小学语文写作教学的意义与目标、过程设计、基于言语内容的小学语文写作教学设计、基于言语形式的小学语文写作教学设计、小学语文写作过程指导应注意的问题以及小学语文写作课程理论概述等内容；第七章主要阐述了小学语文综合性学习教学的意义与目标、途径与方法设计以及应注意的问题等内容；第八章主要阐述了教学评价概述、新课程视角下教师评价改革和学生评价改革等内容；第九章主要阐述了小学语文教师的角色意识、基本素养以及专业发展等内容。

　　为了确保研究内容的丰富性和多样性，在撰写过程中，笔者参考了大量研究文献，在此向涉及的专家学者表示衷心的感谢！但由于笔者水平有限，加之时间仓促，本书难免存在疏漏和不足，在此，恳请读者朋友批评指正！

目 录

第一章　绪论 …………………………………………………………… 1

　　第一节　小学语文课程的性质与地位 ………………………………… 1

　　第二节　我国小学语文课程设置的历史沿革 ………………………… 6

　　第三节　我国小学语文新课程的价值取向与语文教学范式转型 ……… 9

　　第四节　我国小学语文新课程标准的设计思路 …………………… 16

　　第五节　语文学习与学生发展 ……………………………………… 19

第二章　小学语文课程教学的理论与实践基础及基本理念 ………… 21

　　第一节　小学语文课程教学的理论与实践基础 …………………… 21

　　第二节　小学语文课程教学的基本任务与基本理念 ……………… 28

第三章　新课程视角下小学语文识字与写字课程的教学设计 ……… 43

　　第一节　小学语文识字与写字教学的意义与目标 ………………… 43

　　第二节　小学语文识字与写字教学的内容与方法设计 …………… 45

　　第三节　小学语文识字与写字教学应注意的问题 ………………… 53

第四章　新课程视角下小学语文口语交际课程的教学设计 ………… 59

　　第一节　小学语文口语交际教学的意义与目标 …………………… 59

　　第二节　小学语文口语交际教学的基本规律、途径与方法设计 …… 62

　　第三节　小学语文口语交际教学应注意的问题 …………………… 72

第五章　新课程视角下小学语文阅读课程的教学设计 ……………… 77

　　第一节　小学语文阅读教学的意义与目标 ………………………… 77

　　第二节　小学语文阅读教学的过程设计 …………………………… 82

第三节　基于言语内容的小学语文阅读教学设计 …………………… 85

第四节　基于言语形式的小学语文阅读教学设计 …………………… 89

第五节　小学语文阅读教学应注意的问题 …………………………… 93

第六章　新课程视角下小学语文写作课程的教学设计 ………………… 97

第一节　小学语文写作教学的意义与目标 …………………………… 97

第二节　小学语文写作教学的过程设计 ……………………………… 99

第三节　基于言语内容的小学语文写作教学设计 ………………… 103

第四节　基于言语形式的小学语文写作教学设计 ………………… 106

第五节　小学语文写作过程指导应注意的问题 …………………… 110

第六节　小学语文写作课程理论概述 ……………………………… 113

第七章　新课程视角下小学语文综合性学习课程的教学设计 ……… 117

第一节　小学语文综合性学习教学的意义与目标 ………………… 117

第二节　小学语文综合性学习教学的途径与方法设计 …………… 122

第三节　小学语文综合性学习教学应注意的问题 ………………… 125

第八章　新课程视角下小学语文课程教学评价改革 ………………… 127

第一节　教学评价概述 ……………………………………………… 127

第二节　新课程视角下教师评价改革 ……………………………… 134

第三节　新课程视角下学生评价改革 ……………………………… 138

第九章　新课程视角下小学语文教师的专业素质培养 ……………… 141

第一节　小学语文教师的角色意识 ………………………………… 141

第二节　小学语文教师的基本素养 ………………………………… 147

第三节　小学语文教师的专业发展 ………………………………… 159

参考文献 ……………………………………………………………… 163

第一章 绪论

教育事业的不断发展和完善推动着小学语文教学的转型和发展，新课程标准的修订，为小学语文课程的转型和发展提供了重要的指导依据。小学语文课程设计者必须明确小学语文课程的性质和地位，同时，必须要充分了解小学语文课程的历史发展，确定小学语文新课程的价值取向，充分把握小学语文新课程标准的设计思路，此外，还必须充分重视学生的发展。

第一节　小学语文课程的性质与地位

本书中小学语文新课程是指基于《义务教育语文课程标准》（以下简称《新课标》）指导下的现阶段小学语文课程教学。

一、小学语文课程的性质

（一）工具性

语文课程的工具性是由语言的工具性所决定的，具体来说，语文课程的工具性主要体现在以下两个方面。

1.语文课程是认知的工具

语言是人类重要的工具，一切知识和信息的表达、交流、学习，都需要依靠语言这一工具实现。这就说明，语文课程的基础性质就在于它的工具性。只有熟练地掌握语言，才能够进行阅读和表达，这是进行其他学科的学习所必备的条件。研究证明，在数学应用题的解答中，阅读能力发挥着重要的作用，相较而言，其比计算能力所起到的作用更大。这也表明，学生具备较强的阅读能力也有助于其对数学的学习。由此，可以得出这样的推断，在以言语信息为主要内容的学科上，其学习成绩的好坏与语言能力存在正相关的关系。从这一意义上来说，语文课程属于基础的工具性课程。

作为基础的工具性课程，语文课程如何发挥其工具性的作用呢？首先，教师需要引导学生在语言实践中增强对语言的理解，提高学生运用语言的能力。语言是人类重要的认知工具。因此，对于学生来说，只有具备了一定的语言能力，才能够开展学习活动。其次，教师需要引导学生在语言实践中，获得语文学习的自学方法。语言与思维有着密切的关系，学习方法又与思维方法有着密切的关系。因此，学生对语文的学习过程，也是获取学习方法的过程。而学生一旦掌握了自学的方法，就能够在语文的学习过程中，获得效率的提升。

2. 语文课程是表情达意的工具

数学同样属于工具性课程，其工具性主要是通过对数与形的计算体现出来的，而语文则是通过表情达意体现其工具性的。一切知识都需要以语言作为载体，而作为知识的载体，语言也具有深厚的内涵。学生通过阅读获得对文本的理解，获得的不仅是语言能力的提升，更受到文本所承载的思想内涵的感染，得到思想认识上的提高。同时，学生也能够通过语文的写作表达自己，不仅能够获得语文能力的提高，在抒发情感、表现个性的同时，也能够得到人格上的成长和发展。从这个方面来看，语文除了作为认知的工具之外，语文的工具性还表现在表情达意的功能上。

（二）人文性

从人文性上来说，语文课程关注的是学生的精神，强调语文课程的人文性，实际上就是使语文学习的过程成为实现学生成长，激发学生创造力的过程。语文课程主要通过以下几种途径来体现其人文性。

1. 引导学生阅读

优秀的文学作品中，蕴含着丰富的人类文化成果，学生阅读这类文本，不仅能够吸取前辈的文化成果，而且能收获自身独特的阅读体验和理解，起到提升自己语文素养和人文素养的作用。需要注意的是，要取得这样的效果，需要一个长期的过程，是通过优秀作品的潜移默化实现的，需要学生阅读大量的文本，仅通过大量的关于语文知识的训练，是难以起到这种效果的。

2. 确立"以人为本"的理念

在语文课程中，"以人为本"的理念主要体现在以下三个方面。

一是要确立教学思想上的"以人为本"，即将学生作为真正的"人"，理解学生的情感，实现真正的尊重学生。每个学生都有自己的个性，也难免会出现过失，对于学生的过失，教师应保持宽容的态度，积极保护学生。只有这样，才能够使学生感受到"以人为本"的理念的魅力，在教育中得到感化。

二是要在教学实践中体现"以人为本"，即尊重学生的个性体验。学生具有个性差异，其对于生活也会有着多元的理解和反应。每一个学生的个性体验都是独特而珍贵的。因此，教师在引导学生体验时，必须要唤醒学生的真心，使学生表达出真实的情感。

第三，要在价值引导上体现"以人为本"。即以塑造学生的人格为目标。人文精神是语文课程人文性的核心，因此，语文教学必须将促进学生思想、人格、个性的健康发展为根本。

（三）综合性

综合性要求语文课程将对学生语文综合能力的培养作为一项重要的任务。具体来说，语文综合能力包括沟通交流、吸收优秀文化、促进自身成长等方面的能力。综合性意味着在学习情境、内容、方式、过程、结果及其评价等方面，语文课程表现出多样整合性。

综合性是小学课程的共有属性，不是语文课程的基本特点。工具性与人文性统一于语文综合性之中，这种综合性体现在内外两个方面。

1. 外在综合性

语文课程的外在综合性是指语文课程应是开放的，在学习情境、目标、内容、方式、过程、结果及其评价等方面，应注重语文课程与其他学科课程、与生活的有机联系。比如，语感是各类语言活动的综合性结果。日常生活和其他学科教学中的言语交际促进了语感。语文课程教学可以容纳、运用、整饬这些习得性语感经验。

2. 内在综合性

语文课程的内在综合性是指语文课程应突出五大课程模块的内在联系，凸显综合性学习的价值。语文课程的内在综合性注重三维目标的整体发展；强调整合语文学习情境、资源；在学习能力上，则强调语文听说读写能力之间的相互关联；强调以语文为工具和基础，进行知识和经验的构建；强调学习策略灵活多样；强调学习过程结果及其评价的内容、方式也应是综合的，应发挥评价甄别和促进学生发展的功能。

简而言之，语文课程的内在综合性是指字词句篇、听说读写、知情意行要相互沟通、相互为用。例如：阅读所养成的阅读语感可迁移为写作语感；写作语感可以提升阅读语感；口语交际所养成的口头语感可以丰富书面语感；书面语感可以整饬口头语感。所以，学习语言文字运用要注重整体把握和综合效益。

（四）实践性

1. 实践性的内涵

培养学生的实践能力是小学课程的共同任务。语文的实践能力实际上就是综合运用语言的能力。实践性要求语文课程的目标设定、教学实施、学习资源等都应以语文实践为来源。

实践性是小学课程的共有属性，不是语文课程的基本特点。工具性与人文性统一于语言文字实践运用。

2. 小学语文的学习实践

小学语文课程的学习实践可以分为语感实践、语识实践、语用实践三种类型，主要是根据目的、机制和效果进行划分的。

从目的上来说，语感实践具有一定的综合性，因此可以将其归入语言综合运用的范畴中。语感综合性体现在包括情感、感受、价值观等在内的内容上，语感的实践就是对上述内容的接受、理解、沉淀，并最终人格化的过程。语感实践是在现实或虚拟空间的日常生活中进行的一种语言学习活动。语识实践和语用实践则属于一种对语言文字的分析运用，因此，分析性也是这两类语言学习实践的主要特点。

从机制上来说，语感实践属于感悟性的学习实践，其主要隐藏在学生的内在，注重的是学生个人对于语文知识的体验与感悟。其作用形式是难以寻求踪迹和进行分析的，在各种的内容和形式中，学生都可能进行语感实践。而语识实践和语用实践相较而言则是一种可理解、具有外在表现的学习实践，具有明确的形式和路径。

从效果上来说，语感实践中语言学习各要素与学习目的之间的关联性较弱，其效果不明显，具有长效性和随机性的特点。语识实践和语用实践中语言学习各要素与学习目的之间的关联性较强，其效果也明显，具有即时性和可控性的特点。

结合小学生的情绪和认知发展情况以及小学教育的启蒙性特点，小学教育应以综合性的课程为主，应强化不同课程间的联系和影响。小学语文课程本身就具有综合性的特点，因此，教师在教学过程中，可以有意识地将不同类型的语文学习实践结合起来。

二、我国小学语文课程的地位

在小学课程体系中，小学语文课程的基本定位是其具有基础性。小学语文课程不仅是小学生学习的基础、发展的基础，更是他们创造美好生活、勾画美好未来的基础。基础性是小学语文课程重要性的根本体现。

2011 年，《新课标》明确指出："语文课程致力于培养学生的语言文字运用能力，提升学生的综合素养，为学好其他课程打下基础；为学生形成正确的世界观、人生观、价值观，形成良好个性和健全人格打下基础；为学生的全面发展和终身发展打下基础。"在小学课程体系中，语文课程的基础性具有多个方面的体现。在此，笔者将从以下五个方面对"基础性"做出详细说明。

第一，小学语文课程学习是学生语文素养形成与发展的基础。小学生语文素养的培养，是小学阶段教育的根本目标与任务之一，而这种素质、素养的形成，必须依托小学语文课程来进行。在小学语文课程学习中，小学生通过对课文文本的阅读，课堂中的口语练习，以及课外语文活动，他们的语文素养会得到较好的培养与提升。这也正是小学语文课程学习的目的所在。

第二，学习语文课程是小学生学好其他课程的基础。任何小学课程的学习都是从识字、阅读开始的，如果不能有效开展语文课程学习活动，小学生就根本不可能顺利地去学习数学、学习科学、学习品德、学习健康知识。让小学生在语言学习基础上开展语文学习的旅程，是小学语文课程的特殊价值与功能所在。

第三，学习语文课程是学生全面发展和终身发展的基础。在语文课程的学习中，小学生懂得了爱，认识了自然界，获得了身心健康知识，学会了审美；通过语文课程的学习，小学生学会了求知，学会了健体，学会了做事，学会了做人，为他们的全面发展提供了精神食粮与知识营养。

第四，小学语文课程的多重功能和奠基作用，决定了它在九年义务教育阶段的重要地位。小学语文课程具有多功能性，它不仅教给了小学生认识世界的语言工具，而且让小学生在学习文学作品中进入了生活世界，丰富了他们的生活知识与生活经验。通过语文学习进入生活世界，是小学生理解世界的有效途径。

第五，学习小学语文是促使小学生顺利成长、发展的基础。在语文课程学习中，小学生不仅仅掌握了一门语言，而且还从中学到了做人的道理与智慧，学会了如何筹划自己的人生，设计自己的未来。语文课程是小学生诸多生活与成长知识的来源，是他们积累人生知识的重要途径。因此，只有学好了小学语文课程，小学生的健康成长才可能获得一个坚实的支点。

小学语文课程的重要性不仅体现在理性认识上，而且体现在一些量化的统计数据上。据统计，在课时比重上，新中国成立以来，我国小学语文课程基本上占到了每周总课时的30%左右。就目前来看，语文在小学阶段中所占的授课时数最多，在总课时中占的比例最高。这些数据足以表明：小学语文课程在小学生学习中占有异常明显的基础地位。

在现行的教育和考试制度下，义务教育阶段小语文课程的重要地位还没有得到有效落实。例如，从小学语文地位与小学数学课程地位的对比上来看，我国的小学教育出现了重数学轻语文的现象。另据相关调查研究发现，目前，在义务教育阶段，学生学习外语花费的时间要远远多于学习语文的时间。这样的现象将会使语文课程的重要地位仅停留在纸面上，而得不到有效的落实。这样的教学氛围显然不利于小学语文课程重要作用的发挥，这一问题也必须引起我国的重视和反思。当前语文课程的地位问题，不仅是教育理论和教育实践的问题，更是一个需要引起社会广泛关注的大问题。要解决这一问题，不仅需要小学语文教师和相关研究者的努力，更需要社会的重视和广泛关注。只有得到足够的重视和关注，语文课程的改革才能够顺利进行，语文教学才能够充分发挥其所肩负的重大使命。

第二节　我国小学语文课程设置的历史沿革

一、清末至民初的语文课程设置

在我国古代的教育中，并没有对语文课程进行专门的设置。但是在孔子的"六艺"教学中的"书"，就类似于现代的语文课程。汉代以后，语文教学以学习儒家经典为主要内容，其中也包括识字、写字、阅读、作文等语文教育的因素。由此可知，在我国古代，语文教育是与经学、诗学等相融合的，并没有严格意义上的语文课程。

1840年后，鸦片战争爆发，西方列强打开了我国的大门，列强的入侵是我国开始沦为半殖民地、半封建社会。在当时的社会背景下，资产阶级改良派提出了向西方学习的呼吁，要求废除科举，兴办学校。1901年，清政府颁布命令，要求各区兴建新式学堂，1902年又颁布《钦定学堂章程》。该章程规定：在蒙学、小学、中学，设置"读经"科；针对蒙学阶段，又增设"字课"和"习字"课；针对小学阶段，又将其分为初等小学和高等小学，其中初等小学、高等小学均设"习字""作文"课，此外高等小学又设"读古文词"课；针对中学阶段，设置"词章"课。这些课程都相当于现在的语文课程。随着《钦定学堂章程》的颁布，我国初步形成了以分科形式存在为语文课程。但是，由于复杂的原因，该章程并未在全国范围内得到实际的推行。

1903 年，清政府又颁布《奏定学堂章程》，该章程规定：在小学、中学均设置"读经讲经"课程，并在初等小学阶段设置"中国文字"课程，在高等小学和中学阶段设置"中国文学"课程。学生所处的教育阶段不同，被教授的内容也有所不同。总的来说，"中国文字"和"中国文学"课程的主要内容包括识字、写字、阅读、写作等，实现了语文教学内容的整合。

1907 年，清政府颁布《奏定女子小学堂章程》，在章程中取消了"读经"课程的设置，改为设置"国文"课程，这也从学科意义上，标志着语文教学进入学校课程。

1912 年，南京临时政府教育部制定并颁布了《普通教育暂行课程标准》，该标准废止了"读经"课程，并将清政府设置的"中国文字"和"中国文学"课程合并为"国文"科目，这也标志着语文课程从传统的史学、经学等科目中分离了出来，成为独立设置的科目。虽然当时的人们对于语文课程的认识还没有深入学科领域，但是"国文"课在中小学中的开设，使语文教育也取得了一定的地位，并为后来语文课程的发展起到了奠基的作用。

二、五四运动以来的语文课程设置

随着五四运动和新文化运动的开展，当时的中国形成了提倡白话文、反对文言文，提倡新文学、反对旧文学的思潮，该思潮要求将国语作为全国通用的语言，这也对当时的语文教育产生了重要的影响。随着这一社会思潮的不断发展和相关人士的呼吁，北洋政府教育部于 1920 年正式宣布将国民学校中的一、二年级的国文改为语体文，同时到 1922 年，将由文言文编写的语文教科书全部废止，改为用语体文编写语文教材。中学教育也逐渐用语体文对原本的教科书进行改变和替代，这也标志着"国语"课的正式设立，这对于我国的语文教育乃至整个教育事业的发展和进步，都具有重要的作用。

1922 年，北洋政府颁布了《学校系统改革案》，这标志着新学制的建立。为了配合新学制的建立和实施，北洋政府还于 1923 年颁布了《小学国语课程纲要》和《初级中学国语课程纲要》。这也是第一次用法则的形式，对语文课程的性质、目的、内容等进行确定。这两个纲要的颁布，也使语文课程的发展逐渐走向成熟，并对以后语文课程的设置产生了深远的影响。后来，国民党政府虽然对课程标准进行了一定的修订，但是并没有发生质的变化。

20 世纪三四十年代，在共产党领导的区域，国语教育取得了卓越的成效。这一时期，语文课程的设置、语文教育的目的等，都与当时的战争需要紧密结合。在解放区的小学中，国语课程以学习文化为主要目的，同时还强调语文教学要为解放战争和土地改革运动服务，并将"政治""常识"等内容与国语教育相融合，从而使其在一定程度上表现出了综合性的特征。在特定的历史条件下，共产党领导的区域没有设置普通中学，而设置了各种类型的干部学校和职业学校，这些学校都设有语文课程。

三、中华人民共和国成立后的语文课程设置

新中国成立后，在党和政府的领导下，我国开始对旧有学校进行社会主义改造，这其中也包括对语文课程的改造。

1950 年 6 月，当时的中央人民政府出版总署编审局在进行全国通用的语文教材的编辑时指出，应用"语文"这一名称代替过去的"国文"或"国语"的称呼，这是因为这两种称呼只是片面地对口语或书面语的指称，而"语文"这一名称中，"语"代表的是口语，"文"代表的是书面语，从而实现对读与写的兼顾，有利于课程名称更加科学和规范。自此，"语文"的课程名称一直沿用至今。

20 世纪 50 年代初，我国的教育受到了苏联的深刻影响，出现了语言与文学分科教学的思想，并分别制定了小学和中学汉语课程、文学课程的教学大纲，甚至还制定了《暂拟汉语教学语法系统》。1955 年到 1958 年期间，我国在中学实行了文学、汉语的分科教学。而在小学阶段，我国虽然没有在教材上进行分科的编写，但是在内容上主要偏重语言方面的内容。这是新中国成立以来，第一次对语文课程进行的有组织的、大规模的改革，并产生了较大的影响。但是由于这种观念是片面的，因此，这次改革仅仅实行了一段时间便停止了。语文课程又从分科的状态，合并为统一的状态。

1963 年，教育部颁布了《全日制小学语文教学大纲（草案）》和《全日制中学语文教学大纲（草案）》，这两个文件突出了语文的工具性，重点关注语文知识的传授和技能的训练，强调了对学生语文能力的培养，从而使语文教学中偏重知识传授的情况得到纠正。

1978 年，《全日制十年制学校小学语文教学大纲（试行草案）》和《全日制十年制中学语文教学大纲（试行草案）》的颁布，实现了教育事业上的拨乱反正，这两个文件对新中国成立以来的语文教育进行了经验总结，使我国的语文教育重新回到了健康的发展道路。

随着教学实践的不断发展以及理论研究的不断深入，1986 年末，教育部正式颁布了《全日制小学语文教学大纲》和《全日制中学语文教学大纲》，这标志着语文课程走向了现代化的发展方向。

此后，随着我国教育事业的不断发展，语文课程标准也在发展和变革中逐渐得到完善，教育部相继颁布了《九年义务教育全日制小学语文教学大纲》《九年义务教育全日制初级中学语文教学大纲》《全日制义务教育语文课程标准（实验稿）》《义务教育语文课程标准（2011）》。

第三节 我国小学语文新课程的价值取向与语文教学范式转型

一、小学语文新课程的价值取向

以下是基于《新课标》的小学语文新课程基本价值取向的几点阐述。

（一）由统一向多元和个性化转变

传统的语文教学主要以指令性的课程范式为主，在指令性的语文教学中，教师和学生都被束缚起来，使得语文教学处于较为狭窄和固定的状态。这也使得语文教学成为"统一"的语文教学，从教学目标的设定和教材的编制，到教学进度和作业的布置，再到教学成果的考核与评价，都是"统一"的。但是，语文这一学科属于人文学科，生动和鲜活是其作为人文学科最基本的特点。但是，由于指令性课程范式的影响，使得语文课程的这一基本特点难以得到体现，甚至连本应允许的分歧和争论，也都被排斥在外。这也是语文教学长期遭到议论和批评的主要原因。《新课标》也对这一问题给予了重点的关注。《新课标》的基本理念部分明确指出了学生是语文教学活动的受众主体，在语文课堂教学中，必须尊重学生的个体差异，满足学生的不同需求。《新课标》的课程目标部分也对尊重和发展学生个性进行了强调，明确其是语文课程重要的价值取向。《新课标》的实施建议的部分也对如何实现这一价值取向，提出了一系列具体要求，例如：在阅读中，要转变过分依靠教师分析的情况，强调学生的阅读实践，重视学生在阅读中独特的理解和感受；在写作上，要求释放学生写作的自主性，鼓励学生进行自由的表达和创意的表达。同样，课程评价部分也指出对学生个体差异的尊重和发展应成为评价的重要标准，并且要求加强学生的自我评价与学生间的相互评价。新课程标中的这些要求必然会促进传统的、统一的语文教学朝着个性化、多元化的方向发展，为教师和学生提供更为灵活、自由的空间。

（二）由预定性和封闭性向生成性和开放性转变

传统教学方式由于是按照一定的思维模式去完成一整套教学任务，语文课程的目标、计划、评价都是先于教学周期和教学情境而被设计的，其教学内容基本上也是较为固定的。因此，教师的教学行为、学生的学习方式和接受知识的方式都被这种预定性和封闭性限制约束：教师从课程目标到课程材料均需依赖事先的规定而无任何修正的可能和必要；学生则只能按照教师的灌输被动地接受而无选择的自由。针对这一点，《新课标》的基本理念部分明确指出，语文教学应是创新的、充满活力的，语文课程的发展需要参与各方的自我调节。具体实施建议部分则强调了师生在教学过程中的平等，从而赋予了学生表达个体思想的权利。例如，课程标准要求在阅读课程中，充分发挥学生的探究性和创造性，在这样的要求下，教师就能够在课堂教学中，转变既定课程执行者的角色，学生则能够实现对于语文知识在价值、意义等方面更为深度的建构。这便使得语文教学由传统的预期性、确定性向新型的非预期性、不确定性转变，突破指令性范式课程带来的束缚，充分激发语文课程的创造性。

（三）由知识本位向学生发展本位转变

根据《新课标》的指导思想，小学语文教学是在培养和发展学生的语文综合素养的基础上，进行语文课程的目标设计的。

语文素养是语文课程中的新概念，其有着宽广的外延和深厚的内涵。具体来说，语文素养既包括学生的言语实践能力如听说读写的能力，又包括学生的综合素质，如审美、品德等。从广度上来说，培养和发展学生的语文素养，就是要实现学生在德、智、体、美等方面的和谐发展；从长度上来说，培养和发展学生的语文素养，就是要实现学生的持续发展。这也体现了语文教学改革的终极目标，改变了学生将知识本身视为目的观点，使学生摆脱在知识学习中的被动地位，使学生的学习回归人的本体和生命，促进学生实现完全意义上的人的全面发展。

二、小学语文教学范式的转型

（一）在性质上实现工具性与人文性的统一

广大的语文教师和研究者在长期的教学实践和研究中，总结出了语文教学要实现工具性与人文性的统一，这也体现了我国语文教学在思想上的发展与进步。

1.把工具性与人文性作为整体

传统的语文教学存在着工具性与人文性不统一的问题。无论是先工具性后人文性的观点，还是先人文性后工具性的观点都是不恰当的，正确的观点是要使语文教学实现工具性和人文性的统一。从本质上来说，语言包括形式和内容两个部分，这两个部分是有机的统一体，离开了语言内容，语言形式就难以存在；缺少了语言形式，语言内容也无法表达出来。因此，语文教学必须实现形式与内容的统一。从心理学来说，工具性解决的是语文学习的对象和方式的问题，而人文性解决的是语文学习的目的和态度问题。如果只注重工具性，就会导致人文性的问题得不到解决，使语文的学习失去方向和动力；如果只注重人文性，就会导致工具性的问题得不到解决，使语文学习失去逻辑前提。因此，语文教学必须要实现工具性与人文性的统一，只有这样，才能够使学生语文学习的效率得到提高。从人的发展上来说，语文教学使学生实现的发展应是全面的发展，而要实现真正的全面发展，就必须使学生在认知与情感、知识与能力、过程与方法等方面都实现发展，这也说明，工具性与人文性的统一是学生在语文教学中获得全面发展的基础。

2. 寓教于文

对于小学语文教材的编制而言，小学语文教材的内容虽然涉及自然和社会等多个学科的内容，但是，从本质上来说，只有将这些内容作为文章去学习和理解，才是真正的语文学习，其所着眼的应是对生字难句的理解和对文章方法的学习。这也是语文课程的本质属性，正是由于这一属性，使语文课程与其他课程区别开来。与其他课程相比，语文课程关注的是语言在内容和形式上的统一，而其他文科课程则关注的是语言的内容。对于语文教学来说，要实现内容和形式上的统一，就必须寓教于文。

从这一点上来说，处理好语言在内容与形式上的关系，即实现二者的统一，也是实现语文教学工具性与人文性统一的要求。

分析当前我国的小学语文课堂教学现状，其主要存在两个方面的问题：一是片面强调对形式的训练，刻意追求知识的系统性和完整性，这样的语文教学的主要是为了应对考试；二是片面强调对内容的理解，学生花费大量的时间对内容进行阅读以获得对内容的理解。上述的片面性问题造成了语文课堂教学花费了大量的时间，却难以取得良好的效果。为了解决这一问题，教师必须构建起内容与形式相结合的语文教学模式，即可以从形式入手理解内容，再通过对内容的理解，获得对形式的深入理解；或者也可以从内容入手对形式进行把握，再通过对形式的把握理解内容。无论采用何种方式，其都体现了从现象到本质、从本质到现象的领悟过程。这类新的教学模式能够形成完整的学习过程，实现现象与本质、内容与形式、工具性与人文性的统一。学生在具体的语文教学实践中，应根据实际情况，选择合适的学习方式。

（二）在内容上以语文素养培养为主

《现代汉语词典》将"素养"解释为"平日的修养"。可见，学生需要平日里不断地提高修养，才能达到一定的水平。语文素养是指中小学生应具有的最基本的、适应时代发展要求的运用语文的能力，及其在语文方面表现出来的学识、品性、情趣和人格修为。形成语文素养的过程是一个由少到多不断积累的过程，也是一个由低到高不断发展的过程，具有综合性、过程性和稳定性。语文素养主要包括以下几个方面的内容。

1. 语文知识

语文知识即字、词、句、篇、语（法）、修（辞）、逻（辑）、文（学）。要具备一定的能力，必须以知识为基础，离开了知识，也就谈不上能力。在语文教学中，否认语文知识对语文学习的积极作用，就会导致语文教学走向非理性的方向。在义务教育阶段，教师在语文课程需要教授的知识主要是一些基础性的、常用的知识，包括汉字的音形义知识、语法与修辞知识、篇章段落结构知识、阅读与写作方法知识等。这些知识对于学生的语文学习和能力的提高具有重要的意义。

《新课标》对小学生必须掌握的语文知识从"识字与写字""阅读""写作"三个方面做了非常具体的说明，部分说明如下。

①识字与写字的部分要求：1—2年级识字1600个左右，其中800个左右会写；3—4年级识字2500个左右，其中1600个左右会写；5—6年级识字3 000个左右，其中2500个左右会写。

②阅读的部分要求：1—2年级——结合上下文和生活实际了解词句意思，并积累，乐于与人交流；3—4年级——联系上下文，理解词句意思，能借助工具书理解词语，把握主要内容，体会思想感情；5—6年级——积累词语，领悟表达方法，了解说明方法等。

③写作的部分要求：1—2年级——有兴趣，写自己想说的话，写想象中的事物，能运用学到的词语；3—4年级——乐于书面表达，写见闻、感受和想象，乐于分享，积累语言材料；5—6年级——留心观察，积累习作素材，内容具体，感情真挚，学会修改等。

2. 语言积累

语文的学习主要是通过对范文的学习进行的，这也决定了学生在语文学习中，必须接触一定数量的语言材料。学生只有通过语言材料量的积累，才能够使自己的语文能力和素养获得质的发展。在小学阶段，《新课标》要求学生能够背诵的语段和诗文的数量在160篇（段），其中，1—2年级要会背诵50篇（段），3—4年级要会背诵50篇（段），5—6年级要会背诵60篇（段）；课外阅读量要达到150万字以上，其中1—2年级的课外阅读量不少于5万字，3—4年级的课外阅读量不少于40万字，5—6年级的课外阅读量不少于100万字。

3. 语言技能

当语言技能达到一定的熟练程度，就会成为能力。要使学生掌握阅读、写作、朗读等各项语言基本技能，在语文教学的过程中，教师就必须使其进行大量的语言实践。通过语言实践，学生能够掌握多种阅读和表达的方法；能够运用语言规范对自己的思维进行加工，并作出符合规范的语言表达；掌握一定的收集和处理信息的能力；能够根据材料和场合的实际情况，选择合适的语言进行使用。

4. 学习习惯

语文教学还应培养学生的学习习惯。在课堂教学中，教师要传授给学生基本的语文学习方法，帮助学生树立语文学习的信心，培养学生良好的语文学习习惯。语文学习的良好习惯包括经常使用工具书、书写清晰整洁等。

5. 文化素养

语文教学还应起到培养学生文化素养的目的，具体来说，就是要培养学生良好的文化品位和审美素养，形成高尚的人格，养成实事求是、崇尚科学的态度；培养学生欣赏汉语魅力、热爱祖国语言文化的情感；培养学生感悟和吸收中华民族文化的伟大智慧；培养学生的多元文化观念，使其积极吸收不同国家的优秀文化成果。

6. 言谈举止

语文教学要注重培养学生的儒雅气质和文明举止。良好的言谈举止包括在交往过程中大方的态度、文明的言语和行为、根据场合选择合适措辞的行为；能够提出自己的意见和想法、倾听他人意见和想法、尊重他人观点；能够欣赏他人的优点，承认自己的不足。

（三）在方式上以自主、合作、探究的方式为主

自主学习是学生能够明确学习任务并主动进行学习以完成学习任务的学习方式，是区别与被动学习和机械学习的一种更为积极、主动的学习方式。自主学习要求学生明确学习目的，从而避免盲目学习，并根据学习目的，发展学习策略，通过不断地解决问题完成学习。

合作学习是指不同的学生在共同的学习任务下，组建学习小组或团队，

在组织内进行明确的责任分工，并开展互动学习的学习方式。

探究学习是指在教师的指导下，学生选择和确定一定的研究主题，并通过自主的活动方式，发现并解决研究主题中的问题，并实现知识的获取和能力的培养的学习方式。探究学习是区别于接受学习的学习方式，具有实践性、开放性、参与性的特点。

《新课标》明确了语文课程的开展必须符合学生的身心特点和学习特点，关注学生在个性和学习需求上的差异，尊重学生的好奇心与创造性，激发学生在学习中的主动性，倡导自主、合作、探究的学习方式。

传统的语文教学在语言能力和语文素养的培养上有所不足，这主要是由于传统的语文课程主要采用的是讲授法，即教师讲授学习内容、学生被动接受的模式，它以知识的传承和获取为主要目的，强调的是以记忆保存知识。虽然这种方法有一定的优点，如讲授的示范性、知识的系统性、教学的高效性等，但是其从根本上来说，学生与教师的地位是不平等的，这就造成了对学生主动性的限制，使学生的主体地位难以得到有效发挥。语文课程具有明显的实践性特点，因此在教学过程中，教师应重点关注学生实践能力的培养，这就需要教师在语文教学中充分开展语文实践，而不去刻意追求知识的系统性和完整性。

传统的教学的观念、内容、考核等都是统一的，无论是从语文的角度，还是从教学的角度来看，这种统一违背了规律。传统的语文教学方法忽视了学生的个体差异和在身心发展上的不同需要，难以体现语文教学的多元性、开放性、互动性等特点。相对固定和呆板的教学程序，所带来的必然是填鸭式的教学，导致教学缺乏趣味，难以吸引学生的兴趣，学生的主体地位得不到保证，其能力和素质也难以得到提高。

采用自主、合作、探究的学习方式能够有效弥补传统的语文教学中暴露的弊端和不足，实现语文课程工具性与人文性的统一。在倡导自主、合作、探究的学习方式的同时，还应注意的是，这并不是要对传统的讲授法进行彻底的抛弃，这种教学方法能够沿用至今，表现出较强的生命力，其必然具有其他教学方法所不具备的优势。在语文教学实践中，教师应根据教学内容和学生的实际情况，选择合适的教学方式。

（四）建设开放而有活力的语文课程

《新课标》要求建设开放而有活力的语文课程，这一目标是对近年来语文教学改革的开放趋势的反映。对学生来说，无论是语文能力的实现，还是思想观念的培养，都需要通过语文实践活动得以实现。传统的语文教学脱离了学生的现实生活，将语言知识内容从现实世界中抽离了出来，进行的是一种"纯粹"的学习。因此，语文教学的改革必须要改变传统的语文教学与现实生活相脱离的情况，将语文学习与现实生活结合起来，使学生在广阔的现实生活中学习语文知识，陶冶情操，真正实现建设开放而有活力的语文课程的目标。

与自然科学的学科课程相比，语文课程的特点在于其丰富的人文内涵。由于语文学科的人文性，其包含着丰富的内容。因此，语文教学就不应局限于课堂教学，其有着丰富的外延，这就决定了其自身就具有开放性的特征。语文教学的改革必须充分挖掘其丰富的内涵和外延，拓宽语文教学的领域，语文教学不仅要与其他学科相结合，而且也要与先进的科学技术相结合，通过语文与其他内容和方法的交叉和融合，不断拓宽学生的视野，提高学生的学习效率，使其具备现代社会所要求的基本的语言实践能力。确立建设开放而有活力的语文课程的目标，就意味着语文教师应承担起设计者和开发者的角色，要转变陈旧落后观念，解放思想，树立"大语文"教育观。开放而有活力的语文课程应符合以下几点。

1. 开放的课程目标

语文教师应将传授知识与发展学生的能力有机地结合起来；把发展学生的语文能力与发展学生的其他能力（如自学能力、研究能力、创新能力等）有机地结合起来；把发展学生的能力与发展学生的智力素质、学生的非智力素质有机地结合起来；要积极端正学生语文学习的态度，培养学生热爱祖国语文的思想感情。

2. 开放的课程内容

小学语文课程教材在很大程度上决定教师"教"的质量与学生"学"的质量，是提高教育质量的关键。小学语文课程教材的编写必须遵循时代性与开放性原则、科学性与规范性原则、目标性与实践性原则，丰富教材的内容与形式，增强教材的活力，体现三级课程体系与管理的思想观念，加强语文学科与其他学科之间的联系，加强教科书内外的沟通；在实际教学中，教师和学生要掌握选择权，教师要在吃透教材内容的前提下，有选择地教授教材内容并适当地加以课外延伸，教师大可以避开一些结构相似的课文，选择其中学生感兴趣的一些课文来进行教学，这样更能激发学生学习的积极性，教师也可以充分利用信息资源、语文实践等来填充与课文有关的知识，既能开阔学生的眼界，又能提高教师的工作积极性和创新性；教师应积极开展有意义的"第三课堂"，加强学生对社会的认知，将课本知识延伸到社会生活。

3. 开放的教学组织形式

教学组织形式要多样化，例如，教师在教学过程中可以采用情景模拟、动手实践、辩论等形式。教师要采用因材施教的教学方法，根据学生的认知实际、发展水平以及课堂实际，灵活地进行教学，要将语文教学当作一个动态的过程，并在这个过程中积极探索科学的教学方法；教师要积极开发和利用小学语文课堂教学资源和课外学习资源，通过阅读网络资源、书刊资源以及参观、游览等实践活动，让师生成为学习资源开发和利用的真正主体；同时，教师必须加强学生之间、师生之间的互动，师生与课程文本之间的互动，让静态的教学变得生动而有活力，以体现以人为主的教学思想。

《新课标》作为现代科学技术和社会进步的产物，它在某种意义上是社会进步对教师提出的一种新的要求。教师作为履行教育教学的专业人员，承担着教育的职责。同时，《新课标》提出的努力建设开放而有活力的语文课程的要求是对教师素养和能力的一种考验。它要求教师必须德才兼备，学会关注学生主体、提升学生主体性，不仅要拥有丰富的学科知识，还要有优良的职业道德；此外，教师还应具备创新精神，这主要体现在对课程的改革上，教师要在课程建设中发挥建设者和开发者的作用，充分发挥创新潜能。

总而言之，开放而有活力的语文课程的建设需要一大批综合素养高、专业性强的优秀教师的共同努力，以及一个开放而有活力的社会教育大环境。

第四节　我国小学语文新课程标准的设计思路

一、总体设计思路

义务教育阶段语文课程目标整体设计思路包括以下几个方面的内容。

①课程目标九年一贯整体设计，课程目标系统分为总目标和阶段目标两个部分，设置相应的教学目标与教学内容，以体现语文课程的阶段性与整体性特征。

②按照"知识和能力""过程和方法""情感态度和价值观"的维度，对课程目标进行设计，实现不同维度和不同学段之间的联系，使语文课程形成有机的整体，通过相互间的作用，实现对总目标的达成。

③阶段目标涉及"识字与写字""阅读""写作""口语交际""综合性学习"五个板块。其中三个维度是从纵向来明确语文课程的目标体系的，这三个维度相互依存，共同以语文素养的整体提高为最终目标。五个板块则从横向入手，表明了语文课程的学习范围，以从多方面实现学生语文素养的

整体推进和协调发展。

根据语文课程的性质及当前我国语文教育的现状,语文课程标准的设计既要注重三个维度的目标,又要特别关注"过程和方法"目标,其终极意义是要实现"情感态度和价值观"的全面提升。

(一)落实"知识和能力"目标

语文课程的性质是工具性与人文性的统一。语文课程不仅要让学生掌握祖国语言文字的基础知识,也要求学生能够正确地使用祖国语言进行交际,从而发挥语言作为交流工具的价值。但在过去一段时间,受教育科学主义思潮的影响,一些语文教育工作者过分抬高了"知识和能力"在语文课程中的位置。针对这种现象,《新课标》在课程的基本理念部分中提出"不宜刻意追求语文知识的系统和完整""应该让学生更多地直接接触语文材料,在大量的语文实践中掌握运用语文的规律"。但在学习过程中,"知识和能力"仍处于基础地位。语文知识的获得不仅是学习的结果,而且是进一步学习的基础;能力的形成也必须以知识的获得为前提。因此,语文课程目标的达成,离不开语文知识的丰富与语文能力的提高,在语文课程的实施过程中必须落实"知识和能力"维度目标。

(二)关注"过程和方法"目标

学习的真正意义不仅仅在于掌握了多少知识,获得了多少结论,因为知识的更迭是不可避免的。任何人的知识与能力,都会不同程度地滞后于时代发展的需要。在这种情况下,最有价值的知识是关于方法的知识。教师在教学的过程中,要让学生发现知识的规律和特点,掌握学习的方法与技能,这才是让学生真正受益终身的学习。

如果说"知识和能力"维度偏重于对学生语文学习结果的检验,那么"过程和方法"维度则指向将学习看作一种主动体验并个性化运用方法的过程,强调语文教学要摒弃以往过度关注学习结果而忽视学习过程的不良倾向。这个维度的提出警示着语文教育工作者:学生是语文学习的主体,提高学生语文能力的主要途径就是语文实践,语文教育应该注重学生学习的过程和学习策略的选择。在语文课程实施中,衡量学生语文素养高低的重要标准之一就是看学生能否在听、说、读、写的过程中正确而恰当地运用方法。

(三)突出"情感态度和价值观"目标

这个维度的提出是从语文课程的人文性出发的,是语文教育所具有的思想教育功能与情感陶冶功能的体现。在"全面提高学生的语文素养"这个理念中,《新课标》强调语文课程应培育学生热爱祖国语文的思想感情,还应重视提高学生的品德修养和审美情趣，使他们逐步形成良好的个性和健全的人格。这个维度目标要求语文教学直面课程的情感、态度、价值观要求。这里的"情感"不只是指学生学习的热情和激情，还包括学生内心的情感体验和丰富感受。这里的"态度"不单纯是指学生对学习的认真负责，更是指学生对生活的积极进取，对科学的求真务实，为人处世的宽容友善。这里的"价值观"不仅强调个人的价值观，更突出个人价值与社会价值的统一，人类价值与自然价值的统一，其追求的是人与社会、自然的和谐统一。在语文课程中，只有树立正面的情感态度和价值观，学生的知识与能力才能真正发挥作用，学生的语文素养才能真正实现全面提高。

二、总目标

语文课程的最终目标是要实现学生语文素养的提高。语文课程总目标的设计主要从宏观和微观两个层面入手，以三个维度为中心来开展。具体来说，语文课程总目标主要包括以下十点。

①在语文学习过程中培养爱国主义、集体主义思想，培养社会主义思想道德，充分发展个性，培养创新与合作精神，培养正确的世界观、人生观、价值观。

②认识中华民族的伟大，汲取中华文化的智慧，关注当前生活，尊重多元文化。积极吸取人类文化的优秀成果，不断提高自身文化品位。

③培养热爱祖国语言文化的情感，树立语文学习的信心、养成良好的语文学习习惯，初步掌握语文学习的基本方法。

④在发展语言能力的同时，培养实事求是、崇尚科学的态度和思维。

⑤能够主动进行探究性学习，在语文学习中充分发挥自身的想象力和创造力。在实践中，充分学习和应用语文知识。

⑥具备使用汉语拼音的能力，认识并能够书写一定的常用汉字。

⑦掌握一定的阅读方法，具备独立进行阅读的能力。形成良好的语感，注重阅读过程中的体验与感受。能够阅读日常的报纸、杂志、刊物，具备初步鉴赏文学作品的能力。具备借助工具书阅读简单文言文的能力。具备一定的阅读量积累，能够背诵一定篇目的优秀语段和诗文。

⑧具备明确、通顺地用文字表达自身思维的能力，掌握常用的写作方式，具备一定的书面语运用能力。

⑨具备日常口语交际的能力，能够倾听他人的表达，初步掌握以口语形式文明地与他人展开沟通和交际的能力。

⑩具备使用语文工具书的能力、搜集和处理信息的初步能力、利用新媒

体和新技术进行语文学习的能力。

上述前五条是从宏观的角度对语文素养提出的要求，后五条是从微观的角度对语文能力培养提出的具体要求。前五条侧重于"情感态度和价值观"和"过程和方法"两个维度，后五条侧重于语文具体的语文能力培养。语文课程的总目标虽各有侧重，但它们却以三维度为中心，相互连接，相互渗透。

第五节　语文学习与学生发展

一、语文学习的含义

在当今的知识经济时代，相对于掌握知识的数量，掌握学习的方法显得更为重要。从这一点上来说，语文课程要充分发挥学生的主体地位，教授学生学习语文知识的方法，促进学生养成终身学习的习惯和能力。

要掌握语文学习的方法，首先要明确学习的含义。"学习"一词的含义具有广义和狭义之分，广义的学习指的是人或动物在生活中通过经验的习得和积累引发行为变化的过程；狭义的学习则主要是指人的学习，是人在社会实践中，通过语言工具，吸取个体或整个社会经验并对其进行建构的过程。"学习"一词在我国有着悠久的历史，最早出现在《礼记》一书中。通过对我国古代"学习"一词的研究可以发现，学和习的侧重点是不同的。学侧重的是通过口头或书面获取知识和经验，习则侧重的是对知识和经验的实践。当学和习合用时，在意义上侧重于习。由此可知，对于学习来说，学即获得经验和知识，而实践则是学习的重心。也就是说学习的含义在于认识和实践。

综上所述，语文学习的含义可以被理解为能使学习者系统掌握语文知识，掌握语言技能，能够对语言知识进行创造性运用，并能够获得在科学文化和思想道德素养的提高的一种言语实践活动。

二、语文学习对学生发展的意义

（一）引导学生走进语言世界

小学语文课程是小学生接触世界、认识世界、理解世界的依托，是小学生适应生活、创造生活的工具。应该说，每个人都生活在两个世界中，其一是现实的生活世界，其二是语言文化的世界。两个世界相互作用，相辅相成，共同催生着人的发展。对小学生而言，亦是如此。语言是帮助小学生进入语言世界的桥梁，小学语文课程的学习就是搭建这一桥梁的过程。在小学语文课程学习中，小学生掌握了语言这个工具，打通了自我与语言世界间的通道，扩展了自己的生活视阈，从而为他们的全面协调发展奠定了基础。

（二）引导学生走进生活

小学生的语文学习过程实际上就是生活的过程，在生活中学习语文，把语文课程生活化，是当代小学语文教学的重要理念。小学语文课程不仅能够帮助小学生适应生活，而且能够引导小学生生活的走向，改变小学生生活的方式，这是因为小学语文课程是知识技能教育、过程方法学习、价值态度教育的统一体，小学语文课程的每一个方面都会对小学生的生活方式与生活过程产生影响。小学语文课程引导小学生学会了利用语文去交流，学会了利用语文去认识周围世界，还学会了按照人文、高尚的方式去认识世界、理解世界，每个小学生都可能在语文课程中重建一种和谐、多彩、高效的生活方式。

（三）教会学生思考

语言是思维的物质外壳，语文课程其实就是思维过程，语言与思维之间不可分割。小学语文课程实施过程，也是教会小学生形成思维的过程，是教会小学生借助于科学的思维方式来理解周围世界的过程。无论是汉字的形体构成，还是汉语的表达方式，甚至是中国文学的独特章法结构，其内在都蕴含着一种思维方式，都体现着中国人思考世界、认识世界的独特方式。小学生学习小学语文课程的过程，就是学会用中国人的方式进行思考的过程，就是学习中国人的思维方式的过程。小学语文课程的表面构成是语文知识技能，其内在构成却是高智慧含量的思维素材。学习小学语文课程是对小学生进行智育的一种间接方式，是促使小学生语言智力迅速发展的便捷之路。

（四）教会学生做人

文以载道是小学语文课程的根本特点，丰盈的思想性与育人性是小学语文课程的诱人之处。在语文素养培养目标的主导下，小学生学习语文课程的重要目的之一就是学会做人，学会用语文课程中承载的价值观、人生观、世界观。在小学语文课程实施过程中，教师必须注意两点：其一，是将语文课程中的育人素材发掘起来，将之列入三维课程目标；其二，是使育人活动贯穿于小学语文课程实施的全程，让学生在语文学习过程中接受高尚的价值观、世界观陶冶与熏陶的。著名教育家赫尔巴特指出：任何教学都具有教育性。作为语文课程，其内在的育人性更强，这是由小学语文课程的属性决定的。小学语文课程是工具性与人文性的统一，是教会学生在说话、写作、表达中呈现卓美人性的过程。教会学生学会做人是小学语文课程的使命所在。

第二章　小学语文课程教学的理论与实践基础及基本理念

教学是学校的中心工作，是教师的本职工作。小学语文教师只有掌握小学语文课程教学的学科基础与基本理念，才可能为小学生提供最优质的教学服务与学习指导。小学语文教学是面对小学生开展的以提高学生的语文素养为目的的教学活动，是小学生语言发展的重要途径，是基础教育课程赋予小学语文教学的艰巨任务。

第一节　小学语文课程教学的理论与实践基础

一、现当代语言学概观

（一）结构主义语言学阶段

19世纪末，语言学界的语言研究已经达到巅峰，其中，历史比较法被认为是一个比较科学的语言研究方法。语言学在20世纪初出现了一个很大的转折点，并由此进入语言学的现代发展时期。

索绪尔不仅是瑞士著名的语言学家，而且是现代语言学的奠基人。在历史比较语言学领域，特别是在印欧比较语言学领域，索绪尔就已经做出了巨大的贡献。此外，索绪尔在日内瓦大学还开设了普通语言学课程，这使他真正意义拥有了"现代语言学之父"这一美誉。索绪尔于1913年去世后，他的两位同事根据学生的笔记和他在演讲时留下的稿件，汇编了一本不朽的著作——《普通语言学教程》，该书于1916年出版。

索绪尔主张对语言和言语这两个概念进行区分。他认为语言不仅是一种社会产物，而且也是一种抽象的语法规则系统和词汇系统，存在于人们的意识中，并不属于某个人。他认为言语是口头语言或书面文章，由此可见，说同样语言的人很可能说出同样的话。言语是个体运用语法规则组织语言单位的结果。因此，言语是语言的具体体现，语言是言语的抽象。尽管言语是可以直接获取的材料，然而语言仍然应该作为语言学的研究对象。

索绪尔主张对内外部语言学进行区分。虽然他认为社会史和文明史在一定程度上影响了语言的发展，然而并没有对语言的内部系统进行触碰。对内部语言学进行研究并不需要知道语言的发展条件。在索绪尔看来，语言学是研究语言内部系统的科学。

此外，索绪尔还主张研究共识性和历时性的区别。在索绪尔之前，人们习惯于对语言的历史进行纵向追溯，从历史的角度来解释语言现象。有人认为，相对科学的研究只有历时研究。但他认为语言的共时性研究，就是对语言进行静态描述，这样的研究也是科学的，甚至比历时性研究更有优势，因为对于说话群众来说，他们很少会考虑到历史的变化。

索绪尔认为语言是语言学研究的对象，同时它也是一种形式，但却不是一个实体。除此之外，其规则体系还是固定的。

在现代语言学方面，索绪尔作出的贡献还包括确立了作为一门独立学科的语言学所必须具备的特征。在共时语言学的发展方面，索绪尔作出了重要的贡献，而且影响了后来的各种理论和流派。

结构主义者从随机收集的句子中对语言进行研究。由于随机收集的是有限的句子，但是句子的数量却是无限的，所以不可能收集所有的句子，因此，语言研究不仅是与人的言语行为有关，而且与人的内在语言能力有关。这主要是因为人们只要具备语言技能，那么他们就可以对不断产生的新句子进行正确的理解。结构主义在研究方法方面，首先是收集语言材料，然后通过一系列的发现过程，对材料进行分析发现规律，最后对语言现象进行解释，得出结论。

（二）转换生成语言学阶段

美国语言学家乔姆斯基于 20 世纪 50 年代后期，发表了语言学界的著作——《句法结构》，这不仅导致了一场新的革命产生，而且使转换生成学派产生了，这一学派产生于美国结构主义学派的土地上，是在挑战结构主义的过程中成长起来的。

乔姆斯基认为，研究语言应注重对人固有语言能力的探索，语言行为的表面现象不需要简单的观察和描述。学习语言的目的是建立一套形式推理系统和一套有限的语法规则。这组规则不仅可以生成无限的语法句子，而且还可以对各种句子的语法关系和语义歧义进行解释。由于不同的研究目的，也就有了不同的研究材料和方法。

结构主义接受英国哲学家洛克关于儿童语言习得问题的"白板理论"。洛克认为，人的原始精神状态是一块白板，所有的知识和思想都是后来从经验中获得的。所以，结构主义者认为，儿童的语言是通过反复模仿和记忆而习得的。而乔姆斯基认为，"白板理论"的观点很难解释为什么动物在反复训练后不能对语言进行掌握。而且不管孩子能模仿多少句子，他们掌握的句子的数量都是有限的。

所以，他认为人类大脑天生就有一种"语言习得机制"。一旦这种机制被特定的环境触发，孩子们就会自然地获得某种语言。

乔姆斯基还认为，对于语言研究来说，不仅要注意表面结构，还要对其深层结构加以注意。

乔姆斯基在发展自己的语言理论的过程中，主张分离开语言能力与言语行为。他尝试着通过语言研究来解释一个人的语言能力和心理活动。简而言之，他认为语言学一定是心理学的一个分支。

（三）交叉语言学阶段

随着当代社会的飞速发展，语言学和社会科学与自然科学的关系越来越密切。它们之间相互渗透，形成了一些交叉性、边缘性学科，由此造成了当今语言学的多元兴盛局面。例如：语言学与社会学交叉，产生了社会语言学；语言学与心理学交叉，产生了心理语言学；语言学与认知学交叉，形成了认知语言学。这些新兴语言学科以及众多边缘学科、交叉学科不再追求纯客观地对语言结构做精细的静态描写，而是关注语言运用的实践规律。目前，人们不但重视微观语言学，而且更加重视宏观语言学；不但重视语言的语言学，而且开始重视言语的语言学。交叉性、边缘性成为当代语言学的最大特点。

二、基于小学语文教学的语言学研究

（一）基于小学语文教学的语音学研究

语音学对语音进行研究，其中包括言语产生和传递的机制，以及语音的描写和分类、词语和连贯言语等。语音是语言实现其社会功能的物质凭借，语音的物理属性与生理属性体现出物质性。语音的物理属性体现在语音的四大要素上，即音高、音强、音长、音色；语音的生理属性体现在人的发音器官上。在了解了语音物质属性的基础上，语流又可以被分解成音句、音段、音词、音节和音素等语音单位。

语音学研究与小学语文教学尤其是汉语拼音教学有密切的联系，元音、辅音、声调、重音以及节奏、音变的研究成果可直接运用于汉语拼音方案的制订和修改，并对小学汉语教学起着指导作用。用语音学理论指导语音、听力及口语的学习，既有助于学生讲汉语时能"字正腔圆"，又有利于学生在不同的语言情境中能够成功进行交际。

（二）基于小学语文教学的语义学研究

语义学主要研究语言中如何对语义进行编码。它不仅涉及了作为词汇单位的词语意义，而且涉及语言中词之上和词之下成分的意义，如语素意义与句子意义。

语义学是一门研究语言的意义内涵的学科。语法意义是在词汇意义上的更大的概括和抽象。把一个意义分解为最小的语义特征，就是义素，它经过组合才能体现出语义。

总的来看，我国语义研究侧重于词义研究，对句义研究重视不够。语义研究主要集中在语义关系方面，如同义、反义、歧义等。义素分析法虽然在语法研究中运用得越来越多，但它本身却有很大的随意性。

（三）基于小学语文教学的语用学研究

语用学是一门研究语言单位与交际主体之间关系的学科，它关注特定语境中的特定话语，尤其注重社会语境对话语理解的影响。也就是说，语用学研究的是语言如何用于交流，而不是语言的构建方式。

首先，语用学将言语行为视为社会实践的社会行为。其核心概念恐怕已经广为人知了。语用学可以说是最有前途的语言学研究的一个领域。语用学的崛起和发展说明，现代语言学家不仅研究语言体系本身，而且研究使用语言的过程和结果、言语机制、言语环境、言语活动等。不同学科相互渗透、相互融合、相互补充，极大地发展了现代语言学，丰富了现代语言学体系。

语用学研究的基本内容和主要概念有：意义与语境、意义和所指、指示语与距离、指称与推理、前提与蕴含、合作与含义、言语行为与活动、礼貌与交际、话语与文化等。

王元华认为，在学生学习的所有阶段，语文教学的实质都是语用教学。从小学语文教学实践来看，语用教学可以分成两个部分：语用教学基础部分和语用教学发展部分。识字教学、语言知识教学等可归入语用教学基础部分，语用教学强调必须将这些准备性、基础性的语文知识放入具体语境和话语实践中进行教学，反对孤立地脱离语境死记硬背，大量重复做题练习；而阅读理解教学和作文教学等可归入语用教学发展部分。在某些情况下，二者可以相互转化。如果识字教学与具体语境、学生的言语行为结合得很好，教师教一个字而使学生理解了整个篇章的内容，识字教学就变成了阅读理解教学，变成了语用教学发展部分的教学。

（四）基于小学语文教学的现代汉字学研究

现代汉字学是一门新兴的学科。周有光在《语文现代化丛刊》第二辑上发表了《现代汉字学发凡》一文，他在文中将汉字学分为历史汉字学、现代汉字学和外族汉字学三个部分，该文还初步确定了现代汉字学研究的内容：字量、字序、字形、字音、字义、汉字教学法等。

目前，小学识字教学中普遍存在的问题：教师由于缺乏文字学的知识，难以把汉字的构字规律等理论知识有效地迁移到小学的识字教学实践中，汉字教学忽视了汉字的本质和性质，学生进行汉字学习时记得快，遗忘率也高，形近字和同音字混淆现象严重；为了完成课程标准中关于汉字会写、会认的要求，教师常常随意解释汉字。

学习汉字是学习语文的基础，小学生初学汉字，在识字、理解意义以及书写上都有相当大的困难，根据汉字的特点和学生的认知规律，研究者做了多方面的探索，结合教学实践，总结出一系列行之有效的识字教学方法，如随文识字、集中识字、注音识字、部首识字、字族文识字、韵语识字、字根识字、字理识字、多媒体电脑辅助识字等。

三、当代教学论

教学论是研究教学一般规律的科学，教学论研究内容主要包括教学目的、教学原则、教学任务、教学方法、教学过程、课程设置、教学环境、教学管理、教学评价等。

（一）当代教学论概观

20世纪50年代，随着现代科技革命的飞速发展，当代教学理念逐渐形成了。当代教学理念是根据时代发展需求，有意识地改革传统教学理论，不断选择和组合世界各国在教育改革与教学实践中形成的先进教学理论。当代教学理念既包含了原有教学论中经过长期教学实践检验的符合教学规律的合理部分，又包含了在时代的发展过程中，形成具有时代变革、创新性的新思想、新观点。

就我国而言，经过近百年躁动，教学论在源远流长的传统教学论和现代西方教学论的冲突与交融中，呈现出西方教学论的中国化与本土化进程中的"中国式"教学论新气象。这一过程体现了20世纪中国教学理论创新与教学实践创新，是教学理论与教学实践的"双向转化、双向构建"。

20世纪80年代以来，我国除了沿袭苏联凯洛夫和赞可夫的教学思想以外，还引介了巴班斯基教学过程最优化教学理论，同时，掀起了对欧美学者有关教学理论的关注与引进的热潮。譬如，我国既对夸美纽斯、赫尔巴特、杜威等著名教育家经典理论进行重新评价与深入研究，又对大批学者的教育思想予以高度关注，诸如布鲁姆的掌握学习理论、布鲁纳的建构主义教学理论、奥苏贝尔的有意义接受学习理论、瓦根舍因和克拉夫基的范例教学理论、洛扎诺夫的暗示教学理论、罗杰斯的非指导教学理论和加涅的学习信息加工理论等。这种积极的引介工作打开了国内教学论研究工作者的视野，给予了建构"中国式"教学理论的学理营养。

当代教学论流派体现了一些基本共性，具体如下。

第一，理论体系的开放性。当代教学论是一种开放的理论体系，只有开放，才能使理论自身发展更有新意，更具活力；只有开放，才能使当代教学论研究百花齐放。

第二，研究内容的综合性。当代教学论要综合解决当代教学论提出的各种基本矛盾。任何领域都在寻找综合解决各种矛盾的途径，当代教学论也必然体现当代背景下的综合性特征。

第三，研究方法的多样性。当代教学论的特征与当代社会密切联系。随着科学的进步，各种当代科学方法论应运而生，教学论对这些方法论的借鉴使用，使当代教学论的系统研究方法在把握大量、复杂、多变的教学事实与其联系的能力上向前跨进。

（二）当代教学论对小学语文教学的启示

1. 对语文教学的新诠释

语文教学包含文字、语言文学和语文文化，其多样的内涵必然会带来教学目标的错综复杂。新形势下的语文教学应做好以下几个方面的工作。

第一，教师应充实自身的知识，提高自身专业素质。如果教师自身没有足够的知识，就很难教授学生知识。

第二，教师应提高自身的教学能力。教师不仅要能讲，而且要会讲，要讲得清晰、透彻，使学生容易接受。

第三，教师应教会学生学习。教师通过引导，应使学生学会学习，主动学习，提高学生的自学能力。随着时代的发展，教学方式也应随之发生变化。重要的是，教师的教学能力要满足学生的需求，教与学是一个互动过程，不是教师一个人说，学生被动地听的过程。

第四，教师应提高学生学习积极性，充分挖掘学生各方面的潜力，调动学生学习的主动性，优化课程教学环境，增加课堂教学趣味，激发学生的活力。因此，教师对于新形势下的语文教学要有新的理解，要考虑学生的主体性，学生不是被动的教育者，而是主动的学习者。

2. 实践取向的语文教学

语文教师应该在掌握语文学科特有的知识的前提下，将自己理解、掌握的知识在课堂上转化成学生易于理解的形式的知识。因此，教师学科教学知识虽不同于学科内容，但它指向于特定学科及其内容的加工、转化、表达与传授，与特定主题紧密联系，所以，它与学科内容息息相关。同时，教师学科教学知识是关于如何教的知识，是教师基于课堂实践以及在生活与学习中所获得的经验，并对其进行反思、归纳与总结，经过综合、转化而不断获得与丰富的。教师由于个体差异，将语文学科教学知识内化为自己所拥有的、真正信奉并在实践中实际应用的知识，即教师的个体知识。语文教师对学科主题的观念及其兴趣影响着教师的学科教学，也就是说教师的学科教学附加了教师的个人价值因素。

学习化课程实施倡导学习者本位观，要求在课程实施中注重教育环境营造、尊重个体生命实践及其差异、理性提升与情感激发并重等原则。学习化课程实施倡导以学习为本，坚持学习者本位，在知识建构的过程中开展的主要学习方式包括"合作—生成"学习方式、"反思—生成"学习方式与"体悟—生成"学习方式。

3. 破除教学专家的神秘感

教学研究是教师专业化的基本路径，也是教师专业权利的重要指标。在实践取向的教学论范式下，语文教学研究下移，"草根化"势成必然。在这种背景下，教学论理论工作者与一线语文教学工作者日益结成同盟，消解对话"失语"的现象。专家不再是高深学问的专属拥有者，一线教师也可通过扎实的教学研究成长为学科教学专家，破除专家的神秘感，模糊教学理论专家与教学实践专家的界限。

当下，随着人们对教育质量的期待值不断增加，单靠过去那种经验式的教学工作方式远远不能满足社会、家长和学生的需要，迫切需要一线教师树立对日常教学的研究意识，把教学中的问题转换为研究问题，通过自主研修、同伴互助和专家引领等方式不断提高研究能力，由教学新手转变为教学能手，以至于成长为教学专家。在教学论发展的新趋势下，一线语文教师势必要转变教研态度，提升研究意识，提高研究能力，促进自身专业发展，力争成长为语文教学专家，以充分适应时代的挑战与选择。

第二节 小学语文课程教学的基本任务与基本理念

一、小学语文教学的基本任务

一切教学活动的直接目的都是实现某种特定的教学任务，教学任务决定着教学内容的选择、教学方法的组织与教学工作的开展。在开展小学语文教学活动之前，小学语文教师必须清楚一个问题：通过本课程的教学，自己希望完成哪些教学任务？或者说，本课程赋予了教学实践者哪些具体教学要求？小学语文教学任务决定着小学语文教学活动的方向，是确保所有教学活动的组织与安排不偏不倚地展开的一条线索，是确保教学活动达到预期效能的行动起点。对小学语文教学活动而言，语文教师需要完成一系列任务，其中最主要的任务即基本任务有以下几个。

（一）语文基本功训练

语言学习的任务实际上包括两个方面：一是一般性的语言学习任务，即语文基本功，它是对学习者的各种语言活动具有普遍迁移力的教学任务，直接决定着学习者的基本语言功底；二是具体的语言学习任务，如服务于特定领域、特定生活圈子、特定社群的语言活动的学习任务。其中，教师为使小学生掌握语文基本功，让小学生进行的语文基本功训练主要包括以下内容。

1. 基本语文知识学习

汉语由字构成，字是汉语的基本构成单位，也是小学语文教学基本功训练的切入点。在小学阶段，小学生必须达到"累计认识常用汉字 3000 个，其中 2500 个左右会写"的识字目标，就必须学会一些常用的识字、写字方法，学会利用自己的生活经验与理解想象来识字，不断扩充自己的识字数量。

小学语文基本功训练就是为了培养小学生对识字的兴趣，培养他们的独立识字能力，使他们学会借助于一些常用识字工具，如字典、词典等来识字，不断增强自我的识字能力与水平。另外，字存在于语汇之中，只有在特定语汇中，字才能获得相对具体的含义。因此小学语文教学还必须引导学生在掌握汉语常用语汇的过程中，拓展他们的组词、遣词能力，学会利用基本语汇的掌握来准确地把握常用汉字的多样化字义，达到对字的字音、字形、字义的全面学习。

字在词中存在，词在句中存在，句在篇中存在，所以，字、词、句、篇构成了小学生语文学习的基本对象，教师要教给学生字、词、句、篇方面的基本知识，帮助他们了解基础汉语语汇、语法、语篇知识，丰富他们的语言知识。字、词、句、篇方面的基本知识构成了小学语文基本功训练的主要内容，是小学语文教师科学指导小学生语文学习活动的首要内容。

2. 基本语言功能训练

交际性是语言活动的基本特征，服务于人际交流是语文学习活动的根本目的，字、词、句、篇只有在人际交流中，才能体现出其存在的价值与意义。小学生利用字、词、句、篇来进行自己的口语交际、书面交际活动时，就构成了另一类语言现象——听、说、读、写，其中听与说构成了口语交际活动，而读与写则构成了书面交际活动。相对而言，口语交际是更为基本的一种语言交际现象，它是书面交际的始基。

在小学语文教学中，教师要训练学生如何利用汉语中的汉字、语词、句子与人进行交流，使学生学会利用信息媒体，如电子邮件、书信等工具开展语言交流，进行思想表达活动。规范、准确、流畅、流利地与人交流，善于用书面语言来表达自己的思想认识、立场与感情，是小学语文基本功训练的重要目的。

（二）语言思维能力训练

语文教学活动的重要任务就是培养学生的语言思维能力，尤其是他们的抽象概括能力、语言分析能力与创造性思维能力。

1. 锻炼小学生的抽象概括能力

语言是按照各种各样的语义单位组织起来的，语汇、语句、语段、语篇是其基本构成单位。小学语文教学的重要任务之一是培养小学生对这些基本语义单位的分辨能力。给课文分段，给语段分层，说出一句话要表达的核心意思等，都是利用小学语文教学来培养学生语言抽象能力的表现形式。语言抽象概括能力的关键，是把握住一句话、一段话蕴含的主要意义，这就需要小学生从中抽取出核心意义，适当摈弃次要意义，达到对语段、语篇主要意义的把握。显然，不对小学生进行这些思维能力训练项目，小学语文教学的目标是难以达成的。

2. 锻炼小学生的语言分析能力

语言是一种结构性的存在物，其内部的构成法则就是语法，也就是语词、语汇、语段间的逻辑关系。换言之，语言就是把语汇、语段按照特定的语法结构组织起来的。小学生语言分析能力的强弱，直接决定着其能否深入把握文本的精神实质，掌握语言的表达规范。实际上，语文学习的目的之一是要学生会按照规范的，即合乎语法的方式来表达自己的思想与见解，而要习得这种表达规范，就需要学生学会对他人，尤其是典范的语言作品，如对话范例、文学作品等进行分析，并借助于这种分析来学会如何规范化地开展语言交际。所以，语言内部结构的分析能力是学生语言思维的重要表现，训练学生对语言内部句法结构的分析能力，是引导学生掌握语法规范的有效途径。

3. 锻炼小学生的创造性思维能力

创造性是人类的一种本性，创造性思维活动是人类探究未知世界的基本方式，在语言活动中更需要这种创造性思维。无论是语言的表达还是语言的学习，都需要创造性思维的参与：语言表达需要人具有对基本语汇的创造性组织能力；语言学习需要人能够创造性地利用自己已有的语言和生活经验；语言交际需要人创造性地使用自己的表达方式，在必要时甚至还需要创造出一些新的语汇、术语等。

创造性思维是学生学习语文的必需工具，训练学生的语言创造力与创造性思维，是帮助他们学会灵活运用语言来表达自我、表达世界、表达情意的有力途径。学生作文课是训练他们创造性思维的主要平台，是培养学生语言创造力的物质依托。在作文构思中，如何安排篇章布局，如何设计文章思路，如何展现文章主题，等等，都是培养小学生创造性语言思维的重要环节。在小学语文教学中，教师应该尽可能给学生提供广阔的创造力表达空间，引导他们善于利用语言表达的优势来释放自己的语言创造力，努力写出富有创意的优质作文。

（三）基本人文素养教育

工具性与人文性是小学语文课程的基本特性，对学生开展人文素质教育，是小学语文教学的基本任务。语言不同于其他事物，它是人的思想、情感、想法的物质载体，是人的价值、立场与精神世界的外在化产物。正因如此，所以只有深入人的内部精神世界中去，深入人文素养这一层面，教师才算完成小学语文教学的任务。教师可以通过以下几种途径对学生进行人文素养教育。

1. 由语文教学向语文教育转变

在现代语言教学研究领域，小学语文教学活动不只是要探究小学语文教学活动的规律、技能与现象，更要探讨小学语文教学中的育人活动，探讨小学生在语文学习背后发生的人性转变规律，以将教学与教育、教书与育人统一起来。所以，许多人更愿意称"小学语文教学"为"小学语文教育"，以此来充分体现小学语文教学活动的人文教育内涵。从"小学语文教学"走向"小学语文教育"，是对小学语文教学活动内涵的全面概括与表达。小学语文教学是语言教学与人文教育的统一，没有触及学生人性、心灵、精神层面的小学语文教学活动是苍白的，是毫无内涵的，这种小学语文教学活动是没有生命力与教育力的。人怎么做人就会怎么说话、怎么写作，做人与语言使用活动是融为一体的。正是在这一意义上，小学语文教学活动只有充分彰显其人文教育色彩，充分体现人性教化的使命，才可能对小学生语言发展产生效果。

2. 实现人文教育

所谓"人文"，即人类的文化、人性的文明、人之为人的精神，它是人性的基本表达，是人的精神属性的全面体现。进而言之，"人文"的实质就是"以文化论人"，促使人走向文明。在此，"文"泛指一切人类文化产品，自然也包括"文学"。古时人们借助于文学作品来教化人，促使人的人性发育，远离动物性，这是人类的早期教育传统。

小学语文教学必然是对小学生进行人文教育的生动素材，如果不能充分挖掘小学语文活动中的育人资源，整个教学活动就可能沦为行尸走肉和缺乏底蕴的怪物。实际上，在小学语文教学活动中，每一篇文章、每一句话、每一个词汇都蕴藏着丰富的文化内涵与人文精神，都是净化学生的心灵、激励学生成人的教材。只有将语文教学与价值教育结合起来，整个小学语文教学活动才可能走向完满。这正是利用小学语文教学活动来培育小学生人文素质的重要渠道。

二、小学语文教学的基本理念

在小学语文教学实践中，遵循指导性教学理念是确保教学活动科学化推进的前提条件。客观地讲，没有一定教学理念指导的教学实践是不存在的，教学实践之间的差别仅仅在于所依托的教学理念品质与水准的差异而已。显然，粗陋的指导性教学理念无益于语文教学活动的科学化展开，而先进教学理念的指导，能够使语文教学活动达到事半功倍的效果。在当代小学语文教学活动中，语文教师需要掌握以下几个基本教学理念。

（一）教学同步

教学活动的关键问题是如何处理好教与学的关系问题。在小学语文高效率教学中，学生的学习活动始终是主旋律，教师的教授活动是重要支撑，一旦教师的"教"与学生的"学"同步起来，并发生积极的相互作用、信息交换、情感交流、精神互动，小学语文教学活动就能够达到一种理想的效果。在小学语文教学活动中，"教学同步"的理念主要涉及对话理念、"三通"理念与最近发展区意识。

1. 对话理念

小学语文教学是师生间围绕语文课程展开的一种对话活动，师生之间的平等参与、共同配合至关重要，是促使整个教学活动真正发生并产生效果的核心要素。小学语文教学的主题是师生间围绕"语文"这一语言学习目标的对话活动，可被简称为"语文对话"。

语文对话不是简单的交流、交谈，而是面向学习者的语文知识形成、语文能力生成、语文素养发展的一场思想交流、人际交往活动。在教学中，师生可以围绕生活进行对话，也可以围绕思想问题与情感问题展开交流，还可以围绕自己感兴趣的话题展开交流。在交流中，师生能够进入语言世界，进入语言所表达的那个生活世界和作者的心灵世界，实现与作者、与文本之间的对话，达成对他人、对外物的理解。

教学对话是小学语文教学的主导形式，是小学生与小学语文教师之间实现认识、精神、价值互构的基本途径。对话精神是小学语文教学活动科学化的精髓。善于围绕生活世界开展以语言为媒介的对话，是小学语文教学活动的实质。在实践中，师生间的语文对话、教学对话经常采取的形式就是问答，师生间的问与答是教学对话赖以展开的具体依托。

2. "三通"理念

语文教学活动是一场对话，这场对话的直接目的就是实现师生间的"三通"，即语言信息的沟通、语感的沟通和精神沟通（心灵沟通）。

语言存在的目的是帮助人们认识世界、表达自我，它只是人们的交际手段与交际工具。如果说语言的一般存在形式就是人与人之间的交际、交流活动，那么，语言的交流与沟通只是它的表面现象，沟通者能否"穿透"语言的表面，进入语言的"幕后"，实现与语言文本背后的作者之间的心灵对话、精神对话、情感沟通，才是语言交际的根本问题。

语文教学活动的实质就是帮助学生与文本作者实现上述的"三通"：在信息的沟通中，小学生能够理解语言所表达的语义；在语感沟通中，小学生能够达到对语言整体的感知与感悟；在心灵沟通中，小学生能够懂得语言背后所承载的处世价值与人生哲学，实现与文本作者的深层次对话。

3. 最近发展区意识

在小学语文教学活动中，要实现师生间教学同步还必须注意一个问题，即教师要有最近发展区意识，教师应努力把自己的"教"牢固地建立在学生的"学"上，即学情、学识水平之上，实现教与学之间的无缝连接。

维果茨基提出的最近发展区理论认为：学习者在发展中可能会出现两种

发展水平，一种是自然发展水平或现实发展水平，另一种是在教学活动作用下达到的可能发展水平，这两个水平间的差距正是所谓的"最近发展区"。

在小学语文教学活动中，任何教学效能的取得都必然是建立于学生的既有发展水平上的，这就要求语文教师必须要有"基础意识"，充分把握小学生的四大学习基础，即身心发展基础、人生经验基础、兴趣爱好需要基础与语文知识能力基础。小学语文教学活动只有建立于基础之上，教师的"教"与学生的"学"之间才可能发生实质性的相互作用，并最终产生教学效能。

小学语文教学中的教学同步不是指师生之间产生亦步亦趋的关系，而是基于学生的基础但又适度超越学生的基础，努力实现学生语文素养的最优化、最大化发展的教学活动。在小学生语文最近发展区内的教学活动要求小学语文教师必须把握好教学的"度"，如教学的难度、速度、进度等问题，做到循序渐进、适度而止。

（二）立体开放

语言是人生活世界的再现与反映，因此，语言只有面向生活世界，向周围世界"敞开"，才可能实现其存在。在小学语文教学活动中，教师要把教学活动向三个维度开放，努力创造出一种开放化的语文教学形态，努力体现语文教学活动的活力与生气。

1. 语文课堂向课外开放

语文课堂教学是小学生语文学习的基础，但若仅仅将教学活动局限于课内，局限于课本，整个教学活动就会在小学生心目中失去地位，蜕变成为束缚小学生自由思想的桎梏。因此，要创建开放而又有灵气的语文课堂，就必须向课外开放，大力发展语文第二课堂，要让小学语文课堂教学与学生的语文课外活动结合起来，不断拓宽学生语文学习的途径。客观地讲，小学语文课堂学习的结果需要小学生到课外去练习、去使用，才可能达到学以致用的目的。离开了课外语文学习活动，离开了语文的"第二课堂"，小学语文教学活动的魅力就会大大下降。

2. 语文教学向生活开放

小学语文课堂教学需要依托小学生的生活经验来进行，教师应该鼓励小学生把课外生活经验带进课堂中来，尤其要使学生善于利用生活中的故事、游戏、感悟来拓宽课堂教学的视野。因此，小学语文教学要向学生的生活开放，把他们的生活经验、故事、感受引入课堂中，小学语文教学的活力就会显现出来。生活是语言的源头活水，学生的识字教学、阅读教学、作文教学等，都要以生活为依托，生活是小学语文教学的资源总库。正因如此，教师应该"在生活中，借助于生活，以生活的形式"来进行小学语文教学，不断提高小学语文教学的生动性、趣味性。

3.语言教学向学生开放

小学生的课堂参与，是小学语文教学富于生机、活力、魅力的关键。为小学生提供课堂参与的机会，充分调动他们的主观能动性与积极创造性，是把语言教学向小学生开放的客观要求。为此，小学语文教师要给学生提供形形色色的参与机会、表演机会、展示机会，以增进小学语文教学对他们的感召力与吸引力；小学语文教师要坚持以学生为本，让学生在课堂教学中扮演主人角色，把课堂还给学生，让学生语言方面的主观能动性、创造力、表现力得到充分展现。让每一个小学生在课堂中找到自己的地位，找到展现自己语文素养的舞台，是小学语文教学富有成效的教学结果。

（三）人文交融

首先，语文教学是具有鲜明的文化性、人文性与文学性的教学活动，将语文教学与文化传承融为一体，促使语文学习者的"人"与语文学习的对象——"文"之间的紧密结合，是小学语文教学活动之所以能够感动人、启迪人、引导人的缘由。其次，小学语文教学活动是引导小学生的价值构建，催生他们的健全人格的武器。将语文教学活动与对小学生的"人的教育"统合起来，提出语文的"文以载道"特点，是小学语文教学活动人文化的诉求。因此，在小学语文教学活动中，教师要努力展现语文教学活动的"披文入情"要求，将语文教学与人文情怀的表达统一起来，让语文教学活动具备声情并茂的教学形态，激发小学生的语文学习兴趣，助推他们健全人格的形成。

（四）预设与生成并举

语文教学活动需要课前预设，需要提前备课、提前设计，这样才能保证教学活动的基本效果；语文教学活动也需要课中生成，需要及时调整进程、增删内容、奇思妙想与灵活更改设计，以此保证语文教学活动的趣味性、跌宕性与不确定性，增添小学生语文学习活动的情趣。

在实践中，小学语文教学需要教师提前预设、充分筹划、全面布局，不打无准备之仗；需要教师在教学中努力添加一些新的创意与素材，因为小学语文教学的趣味性、生动性来自生成性教学环节。预设与生成在小学语文教学活动中是相互促进、相得益彰的关系：小学语文教学的预设是为了更好地生成，提升教学的整体品质；小学语文教学中的优秀生成性教学范例，是后继预设性语文教学的坚实基础。只有将预设与生成灵活匹配起来，小学语文教学活动才可能成为一项技术性与艺术性并重的教学实践。

（五）有效教学

1.有效教学的内涵

有效教学是指在教学活动中，教师为了实现教学目标、促使学生发展，而创造性地综合利用一切合乎教学规律、教学原则、先进教学理念的教学方式、方法、策略来优化教学环节，改进教学过程，是致力于提高教学效果的一种个性化教学活动。与一般教学活动相比，有效教学由不同的要素构成，具有自己独特的教学活动构架。一般认为，普通教学活动的要素是教学目标、教学方法、教师与学生，其所关注的是教学活动的展开与教学目标的实现，教学目标是把所有教学活动要素——教师、学生、教学方法贯穿起来的纽带，它是所有教学活动过程与环节的统合部。可以说，一般教学活动关注的直接对象是教学活动的发生与持续问题；而有效教学更加关注的是教学效果。围绕教学效果的实现与提高，而综合运用一切教学方法方式，是有效教学的鲜明特征，其所关注的直接对象是教学效果的提高问题，关注的是教学方法、方式、资源的综合调配问题。

有效教学优于一般教学的根本特征就是围绕教学效果的提升，而整合各种行之有效的教学方式与策略。鉴于这一分析可以认为，有效教学的核心构成要素是教学效果，其次是教师和教学方式的组合，最后是教学目标与教学评价。

2.有效教学的实践要求

具体实施有效教学的过程需要遵循一些操作性的实践要求，满足这些要求，是直达有效教学、少走教学弯路的捷径。

（1）充分准备

充分的教学准备是小学语文教学富有效能的条件，而这些准备主要包括准备教材、准备学生、准备设计、准备资源等。要提高语文教学活动的效率与效能，小学语文教师必须在所有教学准备上都达到三个目标，即充分、全面、到位，满足教学活动的各方面要求。

在所有教学准备中，最重要的是语文教材准备。"以己之昏昏，焉能使人之昭昭。"语文教材是教学的基本素材与文本依托，帮助学生理解教材，是小学语文教学的直接目的。准备语文教材要求小学语文教师要深钻教材、吃透教材，达到对教学文本的深层理解，达到对语文教材"懂、透、熟"的水平。当然，强调教学准备的全面与充分，并不是要求教师在语文教学活动中，一切按照预定的计划与步调进行，而是要求教师在已有准备的基础上推陈出新、灵活调整，努力适应现实的教学活动要求。

教师的充分教学准备为自由、灵活的语文教学提供了丰富的选择，而且使教师稳中求进，以创造出更好的教学效果。

（2）有序推进

教学目标是统率所有语文教学活动的焦点。合理定位教学目标是小学语文教学活动走向高效的起码要求。同其他学科一样，语文教学目标应该是三维目标，即新课程改革所言的知识与技能、过程与方法、情感态度与价值观三个维度的目标。三维目标是小学语文教学可持续推进的基础，是教学活动效能的预期标尺，但是，一节语文课的教学目标，只有被教师理解、内化、笃行后成为实质性的教学目标，才能产生对整节语文课的统摄功能。可以说，教学目标一以贯之，是语文教学围绕"效能"主线的一盏明灯，是防止语文课偏离主题、产生教学垃圾的根本保障。

（3）立体推进

在有效语文教学的实施过程中，教师还要注意利用语文教学的自身特点来深入推进教学改革，不断提高课堂教学的效果、效率、效益。作为一名语文教师，开展高效语文教学活动应考虑以下三条思路。

首先，精读多练是小学语文教学走向高效的关键。语言教学的主要思路有两个，其一是进行语言内部结构，如语法、词法、句法等的分析；其二是进行语言阅读体验活动，引导小学生读出语文文本中的语感。当代小学语文教学活动极力倡导让小学生通过多读来深入语文课文文本，达到对语言背后的意义世界的自然感知与了解。精读、熟读、多读是小学生学习语文的基础，是提高语文学习效能的基础；此外，多练是小学生形成语言技能，学会用语言交际的基础性途径，也需要小学语文教师予以重视。

其次，多样化阅读是提高小学语文教学效能的关键。读是学生走进文本世界的必经之途，读的方式创新是小学语文教学效能形成的关键，导读、领读是语文教师的教学基本功和主要职责。多样化的阅读，能够促进小学生对课文的深入理解，引发小学生语感的自然生成，多种读法交替并用，是打开学生语文视野的有效途径。

最后，多写、多看、读写一体，是语文阅读教学走向高效的客观要求。读文章、看文章是输入，写文章是输出，只重读，不重写，会使语文阅读失去其工具性效能，陷于畸形化的状态；只重写，不重读，小学语文教学活动就可能沦为无本之木、无源之水。读写并重、相得益彰，是小学语文教学活动效能提升的重要思路。

（4）分清主次

提高小学语文教学效能的另一个思路，是立足于教学内容取舍与教学方式创新角度去展开教学。教学内容的选择与取舍、教学方式的新颖程度、教学思路设计的创意等，都是小学语文教学活动达到事半功倍良好效果的重要出路。客观地讲，教学过程主次不分、教学内容良莠不辨，是小学语文教学"垃圾"大量产生的祸根，是教学活动给小学生带来大量额外负担的根源。

语文教师只有基于教学目标实施的需要，精选核心语文知识、语言技能来组织教学，勇于舍弃一些次要、无关的教学内容，让整个语文教学活动主线清晰，才可能提高教学的效果。为此，在语文教学中，教师要善于利用"知识赋值"策略，把那些主要、重要的语文知识选取出来，努力使整个教学把握核心、抓住主线，以稳步提高语文课堂教学的效能。同时，语文教学效能的提高，还和语文教学活动方式的选用与组织安排密切相关。在整个教学进程中，语文教师要立足创意、关注细节、点上着手、面上收获，逐步实现对语文教学任务的整体突破，才能实现预定的效能与目标。

教学过程创意是激发学生学习兴趣的重要思路，是语文教学鲜活起来的重要策略，没有创意的教学内容安排、教学过程组织，是很难打动小学生、吸引小学生的。既注重内容的遴选，又注重内容组织的创意，既抓住教学的重点，又能积极开展教学方式创造，小学语文教学活动才可能实现最优化、高效化的改革目标。

（5）组合教学手段

教学手段可以分为传统的教学手段和现代的教学手段。传统教学手段一般包括黑板、粉笔、挂图、教具等；现代化教学手段通常指以计算机技术为核心的现代信息技术，内容相当广泛，包括投影仪、幻灯片、录像资料、音像材料、三维动画等，它们都是提高小学语文教学效能的重要辅助。

现代化教学手段因其智能化、微型化、超容化、可视化等特点，可以实现一些传统教学难以企及的教学效果，例如，可以将发生在微观世界的运动，用三维动画形象地表现出来，抽象知识的学习因此变得具体可感，教学也因此变得更加富有成效。但在教学手段的应用上，新的未必总是好的，传统的也未必总是低效的，关键在于教学手段的应用与教学目标之间的相容性。

黑板和粉笔虽然古老，但如果运用得恰当，也可以取得好的效果。教师在用粉笔书写板书的时候，会根据学生的反应灵活地处理板书的内容，再配以恰如其分的比喻，幽默风趣的语言，各种表情达意的姿势语言，也可以让学生对学习内容的理解十分深入透彻。

现代化的教学手段虽然功能强大，如果运用不当，也会适得其反。比如，在教授古诗《江雪》时，有位教师为表现"千山鸟飞绝，万径人踪灭。孤舟蓑笠翁，独钓寒江雪"的意境制作了精美的幻灯片。在教师没有展示幻灯片之前，每一个小学生在自己的头脑中都有一幅寒江独钓的图景，语文教师的幻灯片却使得学生多样化的想象统一为教师所展示的图景，教育技术的使用，表面上看来是在帮助学生理解古诗的意境，实质上却在扼杀小学生的想象力，与教学目标背道而驰。因此，《新课标》下的语文有效教学对教学手段的选择和应用是理性的，有效地服务于语文教学目标是选择教学手段的根本依据。

（6）及时反馈

实践证明，让小学生知道学习结果，是语文教学活动效能提升的重要策略。合理、准确、激励性的教学反馈能够提高小学生的语文学习动力、学习热情，增强语文教学活动的活力。小学语文教学面对的是小学生，他们的注意力易于转移，学习兴趣正处于培养之中，这就需要语文教师及时通过各种各样的教学反馈来向他们注入一股学习"能量"，促使其保持强烈的学习劲头与学习热情。

对小学生而言，语文教学反馈的手段是多样化的，可以是鼓励、表扬，可以是考试评价，可以是微笑赞许，也可以是惩罚或警示，等等。这些教学反馈活动的共同目标，就是要让小学生知悉自己的语文学习状况，了解自己的语文知识、语言技能状况，及时获得语文学习调整的方向，改变语文学习的方式。

在语文教学中，教与学之间在互促、互生、互动中使语文教学融为一体，产生整体效能。教学反馈就是把教师的"教"与学生的"学"融为一体的纽带，是促使语文教学活动充满活力与趣味的关键性元素。客观地讲，学生学习始终是小学语文教学的立足点，教师的主要功能是助学、助生，促进学生的学习活动。借助于各种教学评价活动，让教与学在语文课堂中统一起来、同步起来，努力创造一种"教""学"互促、互生、共生的局面，是促使小学语文教学的效能不断提高的重要策略。

（六）素质教育

1. 确立全面的教学目标

素质教育理念的核心精神之一是促使小学生全面发展，体现在小学语文教学活动中，就是全面的教学目标，亦即在小学语文教学活动中，教师不仅要培养小学生的德智体美等各发展素质在内的综合素质，而且要让小学生在身心发展的各个方面都尽可能得到锻炼与培养。

素质教育所倡导的教学目标是三维教学目标，即新课程改革中提出的知识与技能、过程与方法、情感态度与价值观三个维度的教学目标。三维语文教学目标共同决定着教学目标的制定，其进步意义就在于它打破了传统的、单纯关注知识与技能的"双基"式语文教学目标的限制，将小学生发展的目标延伸到人的更深层次的发展——情感态度与道德价值领域，能全面、深刻地反映社会、学习活动本身对教学活动的要求。

在素质教育理念的引领下，三维语文教学目标赋予各学科教学目标以新的内涵与使命。三维语文教学目标表明了现代教学活动应该承担起学生三个方面发展的任务，即传授知识与技能，引导学生学会学习、体验学习，引导学生学会做人，并将这三个任务有机贯穿到语文教学活动的全程中。

当然，三维语文教学目标是在具体语文教学过程中复合起来的，具体的语文教学活动过程是三维目标的统一体现。在小学语文教学过程中，教师要善于利用一切教学活动与教学环节，利用一切教学事件与教学形式，来体现三维语文教学目标，努力将三维教学目标贯穿于小学语文教学活动的全程中。在实践中，主题教学是实现三维语文教学目标的有效路径。围绕一个语文教学主题，科学安排、有机整合语文教学的各项目标与任务，借此全面发展小学生的各种素质，这是优化小学语文教学活动的科学思路。教师可以展开探索，努力使三维教学目标在语文课堂教学中获得一种科学化的实践形式与教学形态。

2. 关注小学生个体差异

素质教育理念不仅强调要让每个小学生全面发展、主动发展，而且强调让每一个学生实现个性化发展，关注小学生个性的发育，是小学语文教学活动要承担的另一重任；因人施教、助长个性是素质教育的一个重要理念，关注人与人之间的个体差异，利用语文教学来促使小学生个性化地发展，使小学生的个性得到充分发展，是素质教育理念下小学语文教学活动必须思考的问题之一。

语文教学的效能不仅体现在小学生的共同发展、全面发展上，还体现在小学生的差异发展上。社会需要的是各种各样的人才，小学生的个性差异，不但不应该被压抑，而且应该被呵护和培养。尊重与培养小学生的个性，是高效能教学的鲜明特征之一，认识学生个性差异，是在语文教学活动中实现素质教育理念的另一重要思路。

在语文教学中，小学生之间的语言水平、习惯、方式、潜能潜知的差异是开展教学活动的重要资源，小学语文教师必须尊重并善于利用小学生的这些语言差异，并力求在差异共享中促使小学生集体语言素养的稳步提升。同时，加德纳的多元智能理论也指出：小学生的语言智力是多元智能中的一种，有所差异是一个必然的事件。因此，小学语文教师有义务让每个学生的语言智力都得到立足于原有基础的最大化的发展。在语文教学中，教师应该创造条件，让每一个学生的语文智能，都能够在既有基础上得到个性化发展，以促使小学生在各个方面都得到个性化发展。在具体教学中，教师要促使小学生语文智能的个性化发展，就需要借助多样化教学评价方式，如质性评价、发展性评价、多尺度评价、自我评价等，来促使每一个小学生的语言智力都得到最大化的发展，让每一个小学生都从小学语文教学中受益。可以说，利用个性化的语文素养评价方式，给小学生语文智能的发展提供及时的反馈，是小学语文教学更好地促使小学生语文素养发展的重要条件。

3. 优化课堂教学方式

素质教育理念的要义是让小学生获得生动活泼的发展，而这个发展目标的实现，必须借助于课堂教学方式的优化。在小学语文教学中，教师在各个教学环节的安排与组织上，都要自觉践行主体精神，最大化地尊重每一个学生，让小学生成为语文课堂的主宰者，让他们愿说、想说、敢说，愿做、想做、敢做，尽情释放他们在语文活动中的创造力。要达到这一目标，教师要在语文教学方式上自觉实现以下几点。

①从"教语文课"走向"做语文课"，让语文教学成为师生共同的作品、共同的舞台、共同的话语空间。"教语文课"的语文教学活动观，实质上是把教学活动视为一种简单语文知识、技能授受过程，将之视为小学生机械接收语文教学信息的过程，所以致使学生在课堂教学中的参与度不够，积极性不高；"做语文课"的语文教学活动观，则强调每一节语义课都需要师生的共同配合与参与，需要师生各自展现自己对教学活动的理解与认识，否则教学活动就无法顺利推进。"做语文课"试图将语文教学活动变成一个立体的教学过程，试图将之转变成为一个多姿多彩的教学形态，它必将促使小学生获得全面、立体、自主的发展过程。

②以导学、导读、导生为主线，把语文教学活动构筑成为一个助学系统。要释放师生在教学中的主体性，教师就必须转变教学活动的本质观，弱化教学的"教"的含义，强化"以学为本"的"学"的含义，树立"以学定教""教学互依"的新教学观，不断增强教学活动的助学功能。

③营造民主的语文教学氛围，为小学生参与语文课创造主观条件。小学生主体精神的绽放，需要以民主、自由的教学氛围为支撑，因此，努力营造民主、宽松的语文课堂教学氛围，是激发小学生自主精神的必需条件。

④大力开展学法指导，教会学生学会学习，让小学生成为学习活动的主角。教法的基础是学法，教法必须依据学法来设计，是现代小学语文教学观的重要内涵。因此，在小学语文教学活动中，教师必须通过学法指导来落实学生作为学习主体的地位，把每一个学生塑造为语文学习的真正主体。

4. 重视语文素养教育

在新语文素养观的指导下，教师应该科学处理好语文学习者与语文学习之间的关系，确立"以文促人""以人促文"的新型语言学习心态，努力实现小学语文学习与小学生之间的良性循环。在实践中，语文教师要确立语文教学"为学习者服务"的理念，将语言实践、语言运用作为小学语文教学的根本途径，让小学生在学习语言、运用语言中生成语文素养；要将语文作为一个整体进行教学，坚持语文的工具性与人文性价值统一观，按照现实生活的需要来进行语文教学，自觉服务于学生信息交际与思想交流，体现语文教学对学习者生活及发展的实际意义；要重视语言环境的建设，尤其是普通话这一语言环境的建设，让语言环境成为沟通语言教学与语言运用的桥梁，把语文教学与日常生活交际密切联系起来，形成良好语文教学局面。

第三章　新课程视角下小学语文识字与写字课程的教学设计

识字与写字教学意义重大，但是教学效果总体上是"少、慢、差、费、累"，主要原因是教育者缺乏汉字学基础知识。汉字学揭示了汉字的规律和特点，国家语委会制定了汉字教学规范化的多种文件，这些都是教育者必须掌握的知识。识字写字教学必须分析汉字结构，现代汉字的形、音、义相比于小篆体已发生了巨大变化，部首变为据形定部，字符分为意符、音符、记号三种，传统的偏旁部首分析法局限性明显，笔画部件分析取长补短，努力将两种分析法融为一体。教育者应该掌握汉字学的这些基本知识，了解汉字构形系统，熟练运用汉字分析的科学方法，用汉字科学激发学生的学习兴趣，以达到有效教学的目标。

第一节　小学语文识字与写字教学的意义与目标

一、对识字的理解

首先，从汉字学角度来看，首先，汉字是复合体，它是由三个基本要素组成的，即音、形、义三个部分。要对所认知的字进行了解，就需要在识字过程中分别认记音、形、义三个要素本身，特别是字形本身的结构关系，另外，还要知道音、形、义三者之间是存在一定联系的，是不可分割的。

其次，从心理学角度来看，识字指的是汉字音、形、义三个基本要素之间联系的形成过程，这个联系过程可以在三个要素的任何一方进行。当人们感知汉字的某一要素时，能够准确地再现其他两个要素：见形而知声、义；闻声而知义、形；明义而知声、形

最后，从教学法的角度来看，识字除了要求读音、辨形、明义外，还要会写、会用。

二、识字与写字教学的意义

（一）识字教学的意义

1. 有利于激发小学生识字积极性

想要进行良好阅读，学生首先要做的就是认识字，只有认识且掌握了大量的汉字，学生才可以顺利阅读和习作，反之则会出现一定的阅读障碍。一般情况下识字的过程是比较枯燥无味的。因此，教师应提前进行备课，用一些新颖的授课形式进行讲解，应培养学生学习汉字的兴趣，使学生拥有主动识字的愿望，使其更好地学习。

2. 有利于激发小学生爱国主义情感

汉字是我国人民交流的工具，是我国民族文化的载体。其形、义、音的统一，是我国民族文化智慧的结晶，是我国民族文化的价值。在识字过程中，学生可以感受到中国文化的博大精深，使学生的自尊心、自信心得以培养。

3. 是提高学生认知能力的必要条件

在识字教学过程中，教师不仅对汉字的读音进行讲解，而且要对字义进行解释。这样学生就要学会观察、比对、分析，通过联想建立音、形、义三者之间的联系。识字教学过程扩展了学生的词汇量以及知识面，进而发展了学生的认知能力。

（二）写字教学的意义

写字是巩固识字的有效手段，其与识字的关系非常密切，它是语文基本功之一。学生能掌握学过的字，又能将其书写迅速、整洁、端正，这样不仅可以提高写作业的效率，而且对今后的学习及工作有很大的帮助。学生通过长期的写字训练，能够潜移默化地熏陶自己的情操，培养自己的艺术审美能力，进而提高自己的语文素养。

三、识字与写字教学的目标

（一）识字教学的目标

新课程的总目标中指出："认识 3500 个左右常用汉字。"以下内容是各学段目标。

1. 第一学段

第一学段是指一到二年级。这一学段的要求学生对学习汉字产生一定的兴趣，且有主动识字的意愿；认识常用汉字 1600 个左右；学会汉语拼音并学习独立习字。

2. 第二学段

这一学段指的是三到四年级，这一学段的教学目标是学生对学习汉字有浓厚的兴趣，养成主动识字的习惯；累计认识常用汉字 2500 个；会使用字典、词典，有初步的独立识字能力。

3. 第三学段

这一学段指的是五到六年级，这一学段的教学目标是学生有较强的独立识字能力；累计认识常用汉字 3000 个左右。

（二）写字教学的目标

新课程给予写字教学以特别的重视，要求小学生要在每天的语文课中安排十分钟，进行写字练习，还要达到以下各个学段的教学目标。

1. 第一学段

这一学段的教学目标是学生会写认识的字中的 800 个左右的字；初步感受汉字形体美；掌握汉字的基本笔画和常用的偏旁部首，可以按照相应的笔顺规则进行硬笔书写，不增减笔画，字的形状和部件的位置不变，结构匀称，间架适度；养成良好的写字习惯，写字姿势正确，书写规范、端正、整洁。

2. 第二学段

这一学段指的是三到四年级，这一学段的教学目标是学生会写认识的字中的 2000 个左右的字；能使用硬笔熟练地书写正楷字，做到规范、端正、整洁、能用毛笔临摹正楷字帖；写字姿势正确，有良好的书写习惯。

3. 第三学段

这一学段指的是五到六年级，这一学段的教学目标是学生会写认识的字中的 2500 个左右的字；硬笔书写楷书，行款整齐，力求美观，有一定的速度；能用毛笔书写楷书；写字姿势正确，有良好的书写习惯。

第二节 小学语文识字与写字教学的内容与方法设计

一、识字教学的内容和方法

（一）字音教学

1. 利用形声字的声旁帮助记忆字音

有些形声字的读音，和声旁作为独体字时的读音相同或相近。教学时，教师最好先让学生读准作为声旁的独体字，再让其学形声字。例如，先教

"月"，再教"玥"，启发学生懂得右边的"玥"表音，所以"玥"读作"yue"，以后教学"钥、铘、峃"等字时，教师应引导学生注意它们的声母、韵母和"月"相同，只是声调不同。这样，学生通过学习一个字，掌握了一些字，从实际中逐步了解了形声字的构字特点，学会了识字方法。由于语音的不断变化，现在人们对于很多形声字已经不能靠声旁来确定它们的读音了。因此，教师要提醒学生不要盲目地根据字的偏旁或某一部分随意读出字音。此外，字音教学还要注意强调应按普通话语音读出字音，要不断排除地方音的干扰。

2. 要指导学生据词按义定音多音字

一些字作为不同意义的词或构词成分出现时，读音不同。多音字并不算太多，但因为它们构成不同的词时读音不同，所以要掌握多音字的读音还是有一定困难的。因此教师需要把它们放到具体语言环境中，指导学生根据相应词的意思进行读音的确定。

例如，"一条凶猛的猎狗，正在看守着院子"中的"看"读一声 kān，"一条狗看向蜻蜓"中的"看"读四声"kàn"。教师应先指导学生比较两句中的"看"的音和义以后，再分别组词。读一声"kān"的可以组成"看门""看守""看护"等；读四声"kàn"的可以组成"看海""看过来"等。这样，学生不但在具体语言环境中理解和掌握了"看"的读音和用法，而且能逐步摸索出多音字在读音上的一般规律。为了使学生对多音字的多种读法和用法学得活，用得准，还可以把多音字编入一句话或一段话里，让学生分辨多音字的音和义。

3. 加强同音字的归类对比

汉字有几万个，而普通话的基本音节只有 400 个，这就产生了大量的同音字。例如，"丰""风""疯""锋""峰""蜂"等字都读一声"feng"，但是它们的字形和字义都不同，如果乱用同音字，就会出现错别字，影响表情达意。同音字有音同形异和音同形近两种类型，若用不好，就容易张冠李戴。

（1）音同形异

音同形异的同音字有很多，如"单"和"丹"等。对这种同音字进行教学时，教师应注意结合该字所构成的词句来讲解，使学生在字义和字形上进行就近结组讨论和对比，并要求学生说出各字词的相应用法。

（2）音同形近

音同形近的同音字也有很多，如"火"和"伙"等，对于这些字学生更容易混淆。教学这类同音字时，教师要根据形声字形旁表义、声旁表音的构字特点，以熟字带生字，分别组词理解字义，着重分析字形中不同的地方。此外，教师还可以采用组词、选字填空、编歌诀等训练形式，把同音字放到一定的语言环境中，让学生去辨别。

（二）字形教学

1. 循序渐进

教师在进行字形教学过程中，要重视由简单到复杂、循序渐进的授课方式。

（1）独体字教学

在识字过程中，教师应先教学生进行所学字笔画以及笔顺的学习，要正确指导学生对所学字进行字形分析。

（2）合体字教学

关于合体字教学，教师应使学生简化学习，在学生进行完笔顺笔画学习后，再将复杂结构的字进行偏旁部首的分析，利用偏旁部首来加深学生对所学字的印象。

（3）字形教学

在字形教学中，教师应激发学生的联想能力，培养学生自主分析字形的能力，使其看到某个字就能联想到已经掌握的熟字，并在此基础上能够准确说出这个字的结构等。

2. 要重视形近字的比较

一些汉字在形体上只有细微的差别，如"口""日""目"等。随着学生识字量的增加，形近字不断出现。小学生观察事物不精细，对相似的事物难以区分。在识字和写字时，常常由于字形相近而张冠李戴，经常出现"未""末"不分，"徽""徵"难辨，"折""拆"乱用，"敞""敝"混淆的现象。为了防止学生写别字，教师就必须帮助他们辨析形近字，在教学字的音、形、义的过程中，突出比较差别细微的部分。有的教师在指导学生比较形近字时，根据学生知觉选择性的规律，用彩色粉笔标出容易混淆或忽略的部分，以增强知觉的明晰性。这样有利于提高学生精细辨认和识记字形的能力。

3. 利用汉字构字规律分析、辨认和记忆字形

汉字中有象形字、会意字和形声字。象形字指的是描绘客观事物的形象，随着物体的曲线运笔的字，如"土""叶""森""口"等，教师针对这些字就可以结合看图的形式进行讲解，使学生思考这些字是怎么来的。会意字指的是将两个或两个以上相关的字组合一起，组成具有新意义的字，如"看""明""笔"等字，教师可以运用会意字的构字规律来分析字形。形声字指的是用一个音符和一个声符组合成的新字，如"晴""睛""清"等形声字，针对这些字，教师可以启发学生分析形旁，从义辨形，指导学生根据汉字的构字规律，使用想象力与联想力对其进行学习、理解、记忆。

（三）字义教学

1.运用直观教具帮助学生理解字义

低年级学生主要是通过具体形象来认识客观事物的。因此，直观教学就凸显出了它特有的优势。怎么算是直观教学方式呢？简单来说，教师在进行授课时，要把抽象概括的知识变成学生看得见、摸得着、听得到的东西，使学生有一目了然的感觉，且要让学生的感觉器官得到充分的参与实践，从而获得清晰、明确的概念。例如，很多学生都没有见过珊瑚，教师又不容易讲清楚到底什么是珊瑚，就可以让学生看实物。再如，学生虽然天天接触各种蔬菜，但什么叫茎、什么叫果实，并不很清楚。有一位教师在教学《蔬菜》一课时，出示画有茄子根、茎、叶、花的挂图。教师一边指导学生看图，一边让学生学习"根""茎""叶""花"，教"果实"时，则可以用投影片来演示，让学生懂得花谢以后结了茄子；接着再放映出茄子剖面图，里面有种子，在学生有了感性认识的基础上，教师再指出，植物开花以后结的果子就是果实。

2.指导学生联系生活实际理解字义

有些字词较难理解，联系学生生活实际，用具体的事例来说明，往往能取得事半功倍的效果。例如，对于"团结"这个词，教师可以举同学有困难互相帮助，有事分工合作的事例，让学生理解它的意思。对于"颠簸"一词，教师可以启发学生说一说自己在崎岖不平的道路上乘车或在大风大浪中乘船的感受。对于"筹备"一词，教师可以引导学生回忆庆祝节日或搞活动前的准备情况。对于"祖国"这个词，有位特级教师是这样引导学生理解的。

师："春天"是什么意思呢？什么叫"春天"？

生：花开就是春天（好多学生笑了，因为他们知道花开不能代表春天）。

师：不要笑，花开是春天吗？再想想？花开只是春天的一部分，像树木发芽、小草成长一样。大家再想想，什么叫"春天"？

生：春天是气候变暖。

师：噢！春天是气候变暖的意思，对吗？

生：不对（答声中也有说对的）。

师：夏天气候也会变暖，气温也会回升。春天是气候变暖吗？

生：不是。还有别的。

师：那么什么是"春天"呢？谁能再说一说？

生：春天是一个季节，指的是立春到立夏期间。春天来了，万物复苏了，气候变暖了。

生：春天可以穿漂亮的裙子，可以看路边树叶变绿，花朵蠢蠢欲动等待绽放。

师：对了，这就是春天。

"春天"的意思比较抽象，一年级学生不容易理解，但这位教师不是把现成的结论灌输给学生，而是一步步启发诱导，让学生通过自己的思考，逐步正确理解。在此基础上进行教学，不仅使学生更加形象生动地了解了所学词的意思，而且锻炼了学生自主思考的能力，进而培养了学生独立理解词义的能力。

3. 指导学生联系上下文理解字义

联系上下文理解字义的方法更为生动形象，教师可指导学生运用此方法进行字词的理解学习。例如，对于《翠鸟》一课中的"鲜艳"这个词，教师可以这样指导学生理解：先让学生读一读描写翠鸟羽毛颜色的句子，使学生知道翠鸟头上的羽毛是橄榄色的，还有翠绿色的花纹，背上的羽毛是浅绿色的，腹部的羽毛是赤褐色的，再让学生把这几个句子连起来读一读，想一想，学生就能体会到翠鸟羽毛的颜色又鲜亮又美丽，对"鲜艳"一词也就理解了。另外，将所学字词放进文章中让学生进行理解也十分重要。例如，一年级的《小猫钓鱼》中有"又"字。如果教师直接告诉学生"又"表示重复或继续，学生不容易掌握。教师可以先让学生读读书上的句子，使学生知道猫妈妈第二次钓着一条大鱼，所以用"又"。在学生初步懂得"又"的意思的基础上，教师可以再指导学生用这个词练习说话，例如，"树上原来有三只小鸟，后来又飞来两只小鸟。""我们班又得到一面红旗。"

4. 利用汉字构字特点进行字义教学

教师在教学象形字时，可以抓住某些象形字还保留实物形态表示意思的特点，用图画和分析字形的方法帮助学生理解字义。如教"伞"字时，可启发学生说说"人字头像伞布，下面的点、撇和一横像伞骨架，中间一竖像伞把"；教会意字"笔"时，先让学生观察一支毛笔，让学生知道笔杆是竹子做的，笔头是毛做的，竹字头下面放个"毛"字，就是"笔"字，然后启发学生说说自己平时用的还有哪些笔，这样从具体到抽象，从个别到一般，学生既掌握了"笔"的字形，又扩展了对笔的外延的认识。

（四）不同形式的识字教学

为了培养学生识字能力，激发学生识字兴趣，根据学生认识事物的规律、学习语文的规律和汉字本身的规律，新课程的教材中采用了多种识字形式，主要有看图识字、归类识字、随课文识字。以下是对看图识字教学进行的简要分析。

低年级学生具体形象思维比较活跃。看图识字用图提供感性材料，使要形成的概念形象化。这种识字形式生动有趣，符合儿童认识事物的规律，有利于提高识字教学效率。

简单来说，看图读拼音识字借助的是图片的魅力，以及拼音这一辅助工具。在小学语文课本中，几乎每一课都有与课文内容相符的图画，还会附上相应课程要学的生字。所以，大多数学生所学的生字是日常生活中运用较频繁的字。教师应按照由简到繁、由易到难的顺序进行学习编排，尽可能使字与字之间，字与课文主题之间产生联系，要把识字和认识事物、识字和初步的阅读训练紧密结合起来，使学生在识字的同时复习巩固汉语拼音，使学生的语言和思维得到发展，观察能力和阅读能力得到初步的培养，为以后的学习打下基础。

在教学过程中，教师要通过指导学生看图，让学生理解短文的意思，在看图的基础上学词学句，从而把培养学生的观察能力和词句训练结合起来，把学习语文和认识事物结合起来，然后再进行识字教学，使识字和学词学句联系起来。这样在语言环境中识字，不仅能够使学生把字的音、形、义结合起来，而且能够使学生在学词学句和识字以后，加深了对短文以及个别字、词、句的埋解。

二、写字教学的内容和方法

（一）铅笔字部分

对于初学写字者来说，铅笔是最适合的工具，它使用起来比较方便，而且笔下不会有滑感。在写字教学过程中，教师要进行细致、科学的指导，尤其在学生刚开始练习铅笔字书写时，教师应教给他们写字的基本知识和方法，在循序渐进的写字练习后，逐步落实写字的各项基本要求，为学生以后练习写钢笔字排除不必要的隐患。

（二）钢笔字部分

对于写字的初学者来说，铅笔是在好不过的书写工具了。但学生从小学三年级开始，就应进行钢笔字练习了。钢笔和铅笔在书写各方面还是存在一定区别的，但它们都属于硬笔书法。教师应对学生进行较为系统的比对说明，以及针对钢笔的运用进行详细解说。

（三）毛笔字部分

1. 教给学生正确的写字姿势和执笔方法

（1）坐姿要求

在毛笔字整个书写过程中，学生应端坐于桌前；两脚自然分开，气息下沉，胸口与桌子间约一拳距离；身子要保持端正，不要左右摇晃或是懒懒地趴在桌子上；两肩要平，头部微微向前倾。

（2）手指与两臂要求

两臂自然撑开，应保持放松的状态，身体肌肉不要紧绷，尤其是臂部，将全身的气力送到点画的尽处。右手食指弯曲，最好成"九"的形状。用中指第二个关节将笔杆右边外侧稳稳按住；拇指第一个关节应向外凸起，使用整个手指肚进行笔杆按压，对着食指上节，握紧笔杆；中指和食指需分开一定距离（不要太大，稍微离开既可），并在下面夹住笔杆；无名指和小拇指距离掌心不要太近，以免影响书写效果。

（3）持笔距离要求

持笔距离不宜过低，在书写较小的字时，持笔约离笔头一寸；在书写中楷时，持笔要比写小字时稍高一些；在书写大楷时，持笔约离笔头两寸的距离，有时甚至还要再高一些。持笔距离要求不是固定不变的，需要根据学生书写的情况而改变，学生应灵活运用。

2. 教给学生正确的运腕和运笔方法

（1）运腕

运腕是以手执笔，运用腕关节的力量来写字。对于毛笔写字来说，腕部是其最关。在整个书写过程中，腕部要保持放松状态，切不可太过用力致使手腕僵硬，否则，写出来的字就会太过古板。但这里所说的放松不是指写作全程的放松，在每一笔要结束时，应适当加一些力度，这样写出来的字才更加传神。腕部应随运笔的需要，进行相应地提按、顿挫等摆动。在写较大字的时候，腕部的幅度相对比较大一些，反之则相对小一些。

（2）运笔

①逆锋起笔，起笔时笔锋要有拉伸感。在进行向左向右提笔时，要有欲左先右，或欲右先左的动作。在进行向上向下笔画字时，要有欲上先下，欲

下先上的动作。在进行毛笔书写过程中应做到起笔藏锋。

②回锋收笔，通常情况下，每每在一个字即将收尾时，都要将其笔进行收起动作，将笔略微提起，在其期间小臂应保持平稳状态，最后加以笔锋回转。

③毛保持正直，四面吸匀墨汁。

④学生能做到以上三点，并且在书写时适当运用笔锋，在行笔中做到快慢轻重、行驻有节，这就算掌握了运笔的基本要领。

3. 循序渐进地提高学生写毛笔字的能力

教师指导学生写毛笔字，不但要使学生掌握正确的写字姿势、执笔和运笔的方法，而且要通过指导"摹"和"临"，循序渐进地提高学生的写字能力。

"摹"就是摹帖，它的作用在于让学生学到范本上的笔画、结构等。摹帖包括描红和仿影。描红是指直接在印好的红色范字上，按字的笔画和结构描写的方法。描红之前，教师可以先讲讲如何起笔、行笔、收笔，使学生初步懂得运笔的方法。指导学生描红时，教师应遵循以下三点要求。

①让学生默记所写的红色范字的形态。

②让学生看看是由哪些笔画组成的，这些笔画是什么样的。

③让学生按正确的笔顺进行描写。

学生在描红时送笔要慢些，所写的笔画要一笔成形，努力做到红色恰好被墨汁覆盖；写出的笔画如果和范字有出入，也不要重描，在描下一个字时要注意改进。仿影是指用半透明的纸蒙在范字上，按照在纸上显现出的字迹来写的方法。学生应注意仿影时不能写写描描，填填补补。教师除了要指导学生掌握如何起笔、行笔、收笔以外，还要启发学生动脑，思考范字的笔画安排和字的结构形态，免得学生离开了范字就不知道如何下笔。

"临"就是临帖。临帖是指以范字或书法名家的碑帖作为范本，让学生照着写的方法。汉字的笔画安排和布局比较难掌握，而临帖能帮助学生解决这个问题。为了便于学生掌握字的间架结构，不至于写得过大、过小或者歪斜散乱，教师一般让学生在用字格上临写。临帖之前，教师要指导学生仔细观察字的形态和点画的写法以及结构的安排，使学生做到心中有数，然后再下笔。临帖时，学生要努力做到一气呵成，不要看一笔写一笔，也不要因为写得不像，就描来描去；每临一遍后，要对照字帖研究改进，逐步做到写出的字和字帖上的范字相仿。常用的字帖有柳公权的《柳体字帖》、颜真卿的《颜体字帖》和欧阳询的《欧体字帖》。教师可根据自己所擅长的字体和学生的实际情况选用其中一种。一经选用之后，教师应该要求学生坚持临写下去，不要随意更换字帖，否则学生不容易把字练好。

第三节　小学语文识字与写字教学应注意的问题

一、识字教学应注意的问题

（一）掌握识字工具

掌握识字工具是十分必要的，学生可以根据汉字笔画笔顺、偏旁部首和间架结构等认识汉字，了解汉字，并在出现错误时进行及时改正。但这些并不在考试范围内，它只是起到帮助学生识字的作用。在整个教学过程中，教师应重视学生的拼音能力，在学生学会拼音后，可让学生运用字音工具。

（二）激励学生自主学习

目前部分教师在教学过程中，只重视自己的教学任务，自己在讲台上滔滔不绝，往往忽视了学生的主体地位。教师应在起到主导作用的同时，还要带动学生积极性，在日常生活中对每个学生都进行较为仔细地观察，了解学生的性格特点、兴趣爱好等，在原有教学内容基础上，不断提出新要求。教师应勇于创新课堂授课方式，使学生由被动学习变为主动学习，树立"我要识字"的意识，在无形之中让学生从实际中感到自己的能力在不断提高，从而产生收获的喜悦感。

（三）注意与其他内容相结合

1. 与写字的结合

（1）写字练习要及时

俗话说："好记性不如烂笔头。"想要巩固认识的字，最重要的一步就是用手去写。学生识字后，长时间未练习书写，就很容易出现提笔忘字的情况，对所学的字形难以记起。若学生识字后及时进行书写练习，就会使视觉分析器和动觉分析器协同工作，将所学字形、字意等传递给大脑，使所学字形在头脑里留下印深刻印象，从而能够被清楚记住。

（2）科学、及时地复习

短暂的书写练习只会是大脑进行一段时间的记忆，小学生想要真正了解并记住所学的字，就要在读准字音、理解字义、掌握字形的基础上，进行反复的写作练习来进行巩固。由于小学生几乎每天都在学习新的字词，几乎没有喘息的时间，还要让他们认识 3000 个左右的汉字，学会 2500 个左右的形体复杂的汉字，并将那些音同义异或形近而音义不同的字分辨清楚，不是件容易的事，因此，为了将其遗忘率降至最低，教师就要重视复习工作，要赶在学生遗忘开始前进行相关复习。但不可进行一次性复习，要分类、分量进行复习，不要给学生带来负担，从而导致学生对写字产生排斥心理。在此期间，教师可以进行课堂设计，设计一些有趣的复习形式。

（3）关于错别字地纠正

通常情况下，纠正错字主要是指分辨字形；纠正别字，主要是指区分字与字的意思，分解字义。

①教师应加强正音和正字工作，总结出日常频繁出现问题的字，有针对性地进行正音，和正字工作。

②教师应有针对性地进行纠错，应及时解决在教育学生的过程中遇到的问题，使学生遇到不会或是不明白的生字时勤查字典，能尽量避免学生同类错误的出现。

2. 与听、说、读、写的结合

识字教学过程中的听、说、读、写是相互联系的，也是人们在生活中缺一不可的。只有将识字教学过程中的听、说、读、写进行适当结合，才能达到识字的根本目标。教师教会学生识字并不算最终的结束，还应指导其朗读课文，且使学生在朗读中要注意把每个字音读准，把字、词、句的意思整理清楚。这样学生就可以在朗读中看字、读字、听字，使学生所学的字得到良好巩固。在复述课文时，学生与教师还应注意运用学过的字词。

3. 与音、形、义的结合

对于低年级学生，语文教师应只要求其认识字，教学时的重点是解决字音，渗透字形和字义，不必分析字形；等到以后要求写这个字时，再指导学生具体观察分析字形，使学生练习把字写正确。

二、写字练习及教学应注意的问题

（一）写字练习应注意的问题

1. 年龄问题

根据国外学者白赖印、派尔等人的研究，5、6岁儿童的手指发育不成熟，不宜进行正式的书写，正式的书写练习应从7周岁开始。

2. 练字过程

①写字练习的整个程序。学生入学后，应先练写字姿势和执笔方法，再做点线、图形练习，接着练习基本笔画，最后练写识字教学中涉及的生字。

②用笔顺序。学生应先用硬笔练习，后用软笔练习；先用铅笔，后用

钢笔，最后用圆珠笔。

③字形的顺序。一般情况下，学生应先写独体字，当独体字写好后，再书写合体字，要时刻遵循先写简单字后写复杂字的原则。

④本子的顺序。学生应先用"回宫格"的本子，再用"方格"的本子，后用"横字格"的本子，最后用无格的本子。

3. 橡皮的使用

学生在进行书写的时候，往往对橡皮产生依赖心理，这就会对写字的速度与质量产生直接的影响。因此，学生在书写的过程中应少用橡皮或不用橡皮。

4. 手指手腕操

由于学生年龄较小，身体各器官的发育还不是很健全，因此，在学生较长时间写字之前，教师应引导学生做手指手腕操，以提高学生的写字质量。

5. 写字品质与速度的关系

一般来说，写字品质比写字速度更重要。

6. 写字练习时间与效果的关系

需要注意的是，并不是练习得越久就越好，分散练习比集中练习效果要好。学生每天练习写字的时间以 10—15 分钟为好。

（二）写字教学中应注意的问题

1. 与识字的结合

写字教学的目的是使学生写好字，学会运用书面语言。要书写得正确，先要发音正确，并正确理解字义。小学生最容易写错、写易混淆的同音字、形近字。所以教师指导书写时，应先使学生复习字音、字义，认清字形，再动笔。虽然识字教学重在识，写字教学重在写，但写字教学不能只抓笔顺、间架结构等书写问题，也要遵循音、形、义相结合的原则。例如学生易把"燕"字和"葵"都写成草字头，针对这种情况，教师可以适当联系字义分析字形，让学生知道"燕"字和"日、月、水、火"一样是象形字，但"燕"字中的"廿"不是草，是小燕子的嘴，学生就不会混淆了。

2. 加强示范和指导

①学生在写字的过程中，临摹是一种比较好的方式，这就需要教师进行正确地示范。但示范的前提条件是，教师首先要有一定写字功底，要能写一手好字。所谓的写一手好字并非字写得漂亮这般简单，而更要做到书写规范、

正确、匀称、美观等。

②教师除了要具有较强的写字功底外，还应具有良好的指导能力。因为教师在教学生写字过程中不可能一言不发，只写字让学生来模仿。教师在教学生写字的过程中，应对学生练习书写的字的各种结构特点，每一笔位置和形状，每一部分的位置和特点，以及书写的要点等各方面进行详细讲解，只有加强示范和指导，才能确保写字课教学质量的不断提高。

3. 培养学生的写字姿势和写字习惯

（1）培养学生正确的写字姿势

将字写好的前提条件是拥有正确的写字姿势，在写字过程中坐不正、歪头、驼背、甚至将身子趴在桌子上的姿势都会对写字造成不良影响，使字迹歪七扭八、不工整。另外，小学是一个相对较特殊的阶段，这一时期学生的骨骼正处于骨化逐渐完成的过程中，还没有完全长好，相对来说比较柔软，很容易出现弯曲变形的现象。在这个时期，教师如果不将培养学生正确的写字姿势作为焦点，学生在今后的学习过程中就很容易出现脊柱侧弯和眼睛近视的问题。

由此可知，培养学生正确写字姿势是至关重要的，是不容忽视的。教师要从一年级就开始指导学生运用正确姿势去写字。一般来讲，学生在写字时要注意将纸张放正，头部不要向左右歪扭，头与桌面要保持一定的距离，胸与桌子要保持一拳的距离，不要紧贴桌侧，写字时要保持认真静心的状态，拿笔时要注意手要高于笔尖一寸左右。

（2）培养学生良好的写字习惯

在写字过程中，教师还应教育学生爱惜写字工具，并耐心指导学生如何进行写字工具的使用以及如何进行写字工具的保养等。当然，这不是短时间内就能形成的习惯，教师和学生都不应急于求成。

4. 注意写字时间的分配

众所周知，练字是需要时间积累的，但这并不代表一次性练习时间越久就一定能达到期望的效果。教师要对学生练字的时间进行合理安排，每次写字的数量要适度。如果一次性将写字量安排过大，不仅会造成学生疲劳情况的出现，还会使学生产生一种应付心理，会使其形成写字潦草的习惯，成为今后学习过程中的一个隐患。因此，每天写字的时间可由学生自己安排，但教师要提醒他们不要平时不写，临时搞突击。

5. 指导写字，重在激励

每个学生都是天使，都有其各自的优点与不足，教师不应区别对待学生，也不应指责批评学生的不足，而应循序渐进地进行相应的引导，经常赞扬学生，如此一来，既可以培养学生的自信心，又可以在无形中提高了学生的学习兴趣，为以后的教学打下良好的基础。

6. 趣味练习，巩固识字

（1）图画的形式

教师应多以趣味性的作业激发学生学习的兴趣，可以使学生进行图画形式的练习，例如，让学生按要求涂色；先在一幅七色彩虹的画上分别写上想要授课的内容，然后让学生对其进行色彩填充；等等。

（2）参照物比对的形式

教师也可以使学生进行参照物比对形式的练习。例如，教师在黑板或白板上写出"柠檬、西瓜、李子、草莓、西柚、小鸡、鸽子"，然后准备相应的图片，邀请学生将黑板或白板上所写的内容进行图片的比对，再将找出的图片分别贴到黑板或白板上，最后将这些图片进行水果和动物的分类。

相对于传统填鸭式教学，新课程所提倡的形式新颖、有趣的练习，不仅使学生在实际操作的过程中巩固识字，而且使学生能在涂涂画画、做游戏间认识新事物，锻炼了分类思考的能力。

第四章 新课程视角下小学语文口语交际课程的教学设计

口语交际不同于书写表达与阅读活动，它是借助于人与人之间的有声语言与口头交流展开的。因此，口语交际教学是小学语文中的一个独特探究领域。在整个小学语文教学中，口语交际教学与阅读、作文教学关系密切，相辅相成，相互作用，但又各有职责，不可替代。

第一节 小学语文口语交际教学的意义与目标

一、小学语文口语交际教学的意义

（一）小学语文口语交际教学的内涵

小学语文口语交际教学，即听说教学，它是指小学生在教师的指导下，通过具体生动的交际情景、交际活动的设置和开展，从中学会用规范、流利、灵活的口头语言来表达自我、表达观点，从而达到培养学生口语表达水平及交际能力等目的教学活动。从口语交际教学的构成要素来看，它既是"说—思—想—听"，即以思想观点交流为内核的听说过程，又是语文教师在口语交际活动中引导小学生学会如何说话的过程。

（二）小学口语交际教学的现实意义

在小学语文教学中，口语交际教学对小学生发展具有非常重要的意义，是小学生学会完整语言活动的必需构成环节。

首先，听话、说话是小学生正常生活、参与社会的需要。研究表明：人的正常交际生活中，听占45%，说占30%，读占16%，写占9%。也就是说，听话与说话是小学生日常生活中的主要活动，学会听话、说话，对小学生语言发展而言意义重大。

其次，口语交际的自身优势，决定了口语交际教学对小学生成长的重要性。口语交际教学具有声音媒介的优势，即表达速度快、表达效果直接、反应迅速及时等。因此，小学生学会了口语交际，就能够发挥出语言的大部分功能优势。

再次，在现代信息技术支持下，人的口语交际范围更广。利用网络媒体、电话电邮、微信等声音传媒，人们已经能够在千万里之外用口头语言进行交际、处理工作，口语交际活动的优势正在扩大，随之，小学生口语交际教学对其个人发展的作用也在提升。

最后，口语交际教学是培养学生全面语文素养的重要一环。小学生的语文素养包含的一个重要组成部分就是口语表达能力，只有小学生熟练地掌握了听说读写能力，全面完整的语文素养才会在他们身上形成。可以说，口语交际教学与阅读写作教学，共同构成了小学语文教学的主题。然而，在当代小学语文教学中，口语交际几乎成为小学语文教学的一块"短板"，是一个被忽视的领域，期待语文教师对之予以充分重视。

二、小学语文口语交际教学的要求

（一）规范学生的口头语言

要规范学生的口头语言，首先要训练学生说普通话。学生在入学以前，一般说的是方言。入学以后，学校和教师应要求他们学说普通话，而且在课内课外、校内校外都要坚持说普通话。教师要以身作则，用普通话讲课，用普通话与学生交谈，努力创造一种人人都说普通话的环境。学生在入学前已经能说许多话，但也存在许多语言不规范的现象，如语句不完整、重复啰唆、不必要的口头禅等，教师要随时注意纠正学生不规范的语言。

（二）提高学生的口语交际能力

口语交际能力包括了倾听能力、表达能力以及应对能力。教师要提高学生的口语交际能力。教师应引导学生在听人说话的过程中，要能够领会到对方语言中要表达的主要内容；对人说话时，要做到能够清楚地表达自己的意思，并且能够根据交际对象与场合发表自己的意思，在交流的过程中要使用普通话。

（三）培养学生良好的口语交际习惯

在进行口语交际时讲究文明礼貌，是现代人文明素养的一个重要体现。教师在进行口语交际教学时，应培养学生以下良好的口语交际习惯：倾听别人说话时要认真、耐心，并且要集中注意力，边听边思考；在对人说话时要尽量使用礼貌用语，音量要适度，态度要大方；如果有不理解的地方要及时虚心向对方请教，有不同的理解时要与别人商讨。

三、小学语文口语交际教学的目标

（一）口语交际教学的总目标

《新课标》要求，口语交际教学要促使小学生口语交际素养达到以下水平：具有日常口语交际的基本能力，在各种交际活动中，学会倾听、表达与交流，初步学会文明地进行人际沟通和社会交往。

（二）口语交际教学的学段目标

在不同学段，小学生口语交际素养的培养目标是有层次性的，具体要求如下。

1. 第一学段（1 至 2 年级）

在该学段，小学生口语交际教学要达到以下几个具体要求。

①学说普通话，逐步养成讲普通话的习惯。

②能认真听别人讲话，努力了解讲话的主要内容。

③听故事、看音像作品，能复述大意和自己感兴趣的情节。

④能较完整地讲述小故事，能简要讲述自己感兴趣的见闻。

⑤与别人交谈，态度自然大方，有礼貌。

⑥有表达的自信心。积极参加讨论，敢于发表自己的意见。

2. 第二学段（3 至 4 年级）

在该学段，小学生口语交际教学的具体目标相对于上一学段有所提高，具体包括以下几点。

①能用普通话与人交谈，在交谈中学会认真倾听，领会要点，并能就不理解的地方向人请教，就不同的意见与人商讨。

②听人说话能把握主要内容，并能简要转述。

③能清楚明白地讲述见闻，并说出自己的感受和想法。能具体生动地讲述故事。

3. 第三学段（5 至 6 年级）

在该学段，小学生口语交际教学要达到的目标为以下几点。

①小学生与人交流时，能尊重、理解对方。

②乐于参与讨论，敢于发表自己的意见。

③听他人说话认真、耐心，能抓住要点，并能简要转述。

④表达要有条理，语气、语调适当。

⑤能根据交流的对象和场合，稍作准备，作简单的发言。

⑥在交际中注意语言美，抵制不文明的语言。

在小学口语交际教学中，语文教师只有清楚以上这些目标，并自觉践行这些目标，才可能确保小学口语交际教学的顺利展开。

第二节 小学语文口语交际教学的基本规律、途径与方法设计

一、口语交际能力结构的模式

通常情况下，口语交际能力结构有两种研究角度：第一种是从分析的角度进行研究，这种角度下的模式被称为口语交际能力结构的分析模式；第二种是从综合的角度进行研究，这种角度下的模式被称为口语交际能力结构的综合模式。

（一）口语交际能力结构的分析模式

口语交际能力结构的分析模式是将口语交际能力分为听和说两个环节，也就是言语表达与言语接受两个环节。

1. 听的能力结构

在口语交际过程中，听的能力是保证交际顺利进行并取得积极效果的前提和基础。听的能力结构包括以下几个方面。

（1）言语的感知与记忆能力

该能力即听清语音、语调、词汇，识别细节、要点，记忆内容等的能力，从而理解话语所负载的信息。

（2）言语的理解与组织能力

该能力即对听到的言语信息进行分析、综合、领会的能力，包括理解词义、句型，把握顺序排列，概括中心，猜测隐语，推断结论等的能力。

（3）言语的反应与品评能力

该能力即针对对方说话的目的或意图，鉴别其观点是否正确、内容是否真实、论据是否充分的能力。

（4）言语的创造能力

该能力即对所听到的材料进行组合、加工和迁移、应用的能力。听者听到的材料是零碎的，或是片面的，将这些材料进行组合、分类，使之有序，就需要听者创造性的劳动。

2. 说的能力结构

在口语交际过程中，人们运用口头语言表达思想、交流情感，说的能力结构有其特殊性和复杂性。口语交际说的能力结构包括以下几个方面。

（1）语言材料与法则的内部储存能力

该能力即对词汇、习语、语法等语言材料和法则的积累和运用的能力。

（2）组织内容的能力

该能力即根据特定的语境或规定的问题，兼顾听话对象的特点，确立话题和观点的能力。

（3）选择表达方式的能力

该能力即根据不同对象、不同情境选择说话方式的能力。

（4）语音语速的能力

该能力即根据不同对象、不同情境调整语音与语速的能力。

（5）运用体态语的能力

该能力即恰当地运用面部表情，采用合理的手势和姿态，能更有效地表情达意的能力。

（二）口语交际能力结构的综合模式

口语交际能力结构的综合模式是将口语交际看成一个动态的复合系统，将它作为一个整体来加以考察和研究。综合模式最早由卡纳尔和斯温提出，他们认为，口语交际能力应包括四个方面。

1. 语言能力

语言能力指对语言本身的控制与调节能力，包括语音、词汇、语法等的能力。其中语音能力是教学的重点，语音能力主要是指通过语气、语调、重音、节奏、语速的变化，来表达丰富的语义、情感的能力它是准确理解和表达话语意义所需要的基本能力。

2. 社会语言能力

社会语言能力指能够依据上下文、情境、民族文化等各种语境因素，理解与运用适合于不同社会场合和语境的言语，进行物境观察、心境体味、情境融入的能力。

3. 语篇能力

语篇能力指能将语言的形式与意义组织起来，在语境中运用语言，形成语感的能力。

4. 策略能力

策略能力指运用语言策略和非语言策略，应付和解决由于外在条件或其他方面能力欠缺导致的交际困难问题的能力。其中语言策略包括问题解决的策略、话语反馈反思策略、话语调整策略、指向交际目的策略等。

（三）其他模式

儿童的言语交际能力是一个具有层次结构的系统，它可以分为三个子系统：讲话者的能力、听话者的能力以及交际的知识和策略。这三个方面的能力又由许多子能力构成，从而形成一个倒树状的结构。

1. 讲话者的能力

讲话者的能力即儿童使用语言向听者传达信息的能力，包括言语产生能力、言语表达能力、考虑听者的能力和言语监控能力。

2. 听话者的能力

听话者的能力包括言语理解能力、言语反馈能力和对讲话者的交流内容密切注意的能力。

3. 交际的知识和策略

交际的知识和策略包括信息本身的知识、交际过程的知识及交际的社会文化规则的知识。

二、小学语文口语交际教学的基本规律

所谓规律，就是事物现象在发展中表现出来的一些相对稳定、重复出现的特征。笔者在综合上述口语交际教学的相关理论与规律的基础上，提出以下五条口语交际教学规律，供语文教师参考。

（一）同步性规律

小学生口语交际素养的发展是在与小学生的其他语文素养交互作用中发展起来的，与其他语文素养同步推进、协调发展，是增强小学语文口语交际教学效果的重要思路。实践也表明：将小学生听说能力培养与读写能力培养孤立起来的做法，肯定是不合适的。小学生口语交际教学的同步性规律要求语文教师必须自觉地将对小学生听说能力的培养与读写能力的培养协同起来进行。

首先，听说读写四种能力构成了小学生语文能力、语文素养的整体。一方面，听是说的基础，读是写的基础，听说是读写的基础，听说在前，读写在后；另一方面，听说读写四种能力相互制约，相互作用，相互促进，相

辅相成。正是由于听说与读写能力间的这种密切关联的存在，小学口语交际教学必须坚持与小学生读写能力的培养相协同的原则。

其次，听说能力与读写能力是完整语言学习的必需构成要素。在语文教学中，书面语言是"读写的语言"，口头语言是"听说的语言"，两种语言都是由这种思想贯穿起来的。口头语言是在要求学生直接的交际过程中，通过口说、耳听形成的；书面语言则要求学生必须经过专门的训练才能掌握。口头语言可以伴随手势、表情，带有很大的情境性，因而允许省略、压缩；书面语言却没有这样的条件，但是可以被修改、推敲，因而比较精确、连贯。两种语言形式间的内在关联就决定了，把听说能力与读写能力进行协同教学与培养，不仅对小学生语文素养的形成很有帮助，而且对于小学生听说能力与读写能力的提高很有帮助。

再次，四种语言能力是在交互作用中推动小学生语文素养的最终形成的，而单项的训练只会使语文教学走进死胡同。仅仅关注小学生的口语交际素养的培养，而不进行读写能力的培养，小学生的口语交际能力发展会受到制约，反过来亦是如此。只有借助于口语交际教学，来间接促进小学生读写能力的发展，或借助于小学生读写能力的培养，来间接促进小学生口语交际素养的提高，小学语文教学才可能走上一条良性互动的道路。

最后，听话教学与说话教学必须用一体化的方式来推进。将听话教学与说话教学同步进行，舍弃将二者肢解开来的教学方法，是教师培养小学生口语交际能力的基本理念。听话教学与说话教学一体化的物质基础，就是小学生的日常交际生活与课堂上师生展开的现场语言交流活动。将听话教学与说话教学统一起来，使之相互促进、相得益彰，走向共赢的口语交际教学新路子，是当代小学口语交际教学改革与发展的重要趋势。

（二）生活性规律

小学生的口语交际素养在生活中生成，在生活中发展，这已成为人们的共识。在日常生活中，人们需要语言，才会产生口语交际活动；在学校生活中，师生间的口语交际是语文教学活动的主载体，是培养小学生口语交际素养的重要资源。因此，将听说教学与学生生活结合起来，把日常生活引入小学生的口语交际时空，把口语交际引入小学生的日常生活之中，使之相互促进，是小学口语交际教学持续发展的内在规律。

首先，在生活中学习口语表达，是小学语文口语交际教学的基本要求。无论是自然的日常生活，还是师生在课堂中创设的日常生活，都是师生间开展口语交际教学的重要舞台与练习基地。在口语交际教学中，教师要引导小学生走出课本的狭小空间，要坚持把小学生的生活与口语交际活动联系起来，使之融为一体的教学原则。

其次，口语交际教学与小学生生活间的联系是多样化的。一方面，口语交际教学源自生活的需要，小学生学习口语交际，学习语文，是为了满足生活的需学要；另一方面，小学口语交际教学的最终目的是让学生学会顺畅地用口语来表达对生活的愿望，表达对良好生活的要求，表达自己对他人生活的关心。因此，口语交际教学必须以小学生生活为内容，口语表达与接收只是其形式。理清口语交际教学与日常生活间的关系，是小学口语交际教学设计科学化的基础。

再次，日常生活与口语交际教学间的关联点是主题会话，这是一种基于日常生活的口语交际教学的基本形式。在主题会话中，口语交际的内容源自生活，生活的表达途径是口语，听说是小学生交流生活、表达生活、分享生活感受的重要途径。借助于主题会话来体现、践行口语交际教学的生活化理念，是小学语文教师应该采取的一种常规口语交际教学方式。

最后，在生活情境中鼓励学生使用口语进行表达，是将口语交际教学自然化的一般手段。任何口语交际活动都在特定语境中发生，都需要生活情境的支持。在特定生活情境中，小学生会产生交际的热切愿望，教师只要对之因势利导，自然而然的口语交际教学就会产生。

（三）主体性规律

口语交际教学的效能如何取决于小学生参与口语交际教学的水平与程度。因此，将小学生视为口语交际教学的主体，使其在教学活动中自主发言、自由参与，是小学口语交际教学的客观要求。口语交际教学的主体性规律，就是让小学生成为口语交际练习、口语学习活动的主体的规律，它要求在小学口语交际教学中落实小学生主体地位。

其一，口语交际教学中要坚持"三个尊重"的原则。在此，"三个尊重"是指口语交际教学的设计与安排要最大化地尊重小学生的口语表达愿望，最大化地尊重小学生的口语表达方式，最大化地尊重小学生的口语表达风格。"尊重"的实质是承认、落实小学生作为口语交际教学的主体身份，为激发小学生在口语交际教学中的创造力提供条件。

其二，要借助小学生的语言习得本能来展开口语交际教学。每个小学生都有获得语言的天赋，都有自我表现的欲望，口语交际教学要产生实效，就必须尊重他们的这些天赋与欲望。进而言之，口语交际教学的推动力是小学生学习口语的热情，引导这种热情的释放方向，是教师主导口语教学的方式。

口语交际教学的目的之一是让小学生习得规范、礼貌、理性的口语表达方式，诱导小学生放弃口语表达中的那些不妥、不文明、不优美的表达。逐步达到口语交际教学的目的，是教师掌控口语交际教学的切入点。学而言之，没有小学生的主体性参与，口语交际教学就可能"悬浮"于学生经验与需要之上，导致口语交际教学的失效或低效。

其三，口语交际教学的主要任务是给小学生提供丰富的口语交际环境与交流素材。口语交际教学需要丰富的生活素材、课程资源与表达范例，为小学生提供这些素材、范例，做好小学生口语交际练习的服务者，是小学语文教师在口语交际教学中扮演的主要角色。

（四）顺序性规律

小学口语交际教学只有基于小学生的语言、认知、思维等的发展顺序之上，才能够走在小学生口语自然发展之前，对小学生语言发展产生自觉、积极的促进功能，产生口语交际教学的实效。小学生语言、认知、思维等的发展顺序，就决定了小学口语交际教学的内在顺序。

首先，小学阶段是学生口语发展最为迅速的一个时期，是对他们进行口语训练的关键期，需要小学语文教师给予特殊关照与培养。在这一发展阶段，小学生非常渴望得到来自教师的口语指导，而且，这一指导往往能够对他们的口语发展产生事半功倍的效能。抓住小学生口语发展的快速期进行施教，是小学口语交际教学的科学性所在。

其次，小学语文口语教学具有阶段性，教师在不同学段理应对学生提出不同的要求。

最后，口语教学的阶段性需要序列化的教学方案设计。基于上述阶段性要求，小学口语交际教学的安排应该按照循序渐进、梯次推进的思路来设计。尤其是在不同阶段，口语交际教学要突出针对小学生的训练重点，结合教学重点来安排小学生口语交际教学活动，大力促进小学生口语交际教学的进程与方案，更加符合小学生心理与语言发展的内在顺序。

（五）情境性规律

口语交际素养在口语交际情境中生成，交际情境是小学生口语交际教学的必需要素，在交际情境中开展口语交际教学，是提高小学生口语交际素养的捷径。口语交际教学的情境性规律要求：语文教师要在教学情境中进行口语交际教学，尽量利用仿真或真实的交际情境来刺激小学生的口语交际愿望，提高他们的口语交际素养。

其一，在小学口语交际教学中，师生间的口语交际活动，是在交际情境中发生的，脱离交际情境的口语交际教学不仅是费力的，而且很容易引发小学生的口语理解困难，阻碍他们口语交际素养的生成。

其次，口语教学的实质是在语言情境中，师生之间展开双向交流互动。在交际情境中，教师与学生围绕某一话题展开讨论，各自阐明自己的观点、抒发自己的情感，展开双向交流与互动，并借助于口语的形式将之表达出来，这就是口语交际教学的真实写照。尽管外在交际情境始终是以"隐身"的方式存在于口语交际教学中，但是这种情境对小学生口语交际中理解的形成却产生着至关重要的影响。

再次，小学口语交际教学的三大工作内容就是创设语言情境、利用语言情境、控制语言情境。相对而言，具体的口语交际活动是由小学生自己去发起并进行的。在创设语言交际情境中激发小学生的交流欲望，在利用语言交际情境中促进小学生的口语理解，在控制语言交际情境中控制讨论的方向，这正是小学口语交际教学与口语交际情境相依相生的关键所在。

最后，小学口语交际教学的直接目的是让小学生说出合乎真实情境的妥当话语。说话不仅要符合语法，符合表达意图，符合伦理规范，而且要符合特定的语言交际情境。在什么地方说什么话，怎么说话，说到什么程度，这是对小学生口语表达艺术的全面考验。总之，语言交际情境是完整的口语交际教学必须考虑的一个重要因素。

三、小学语文口语交际教学的途径

（一）日常口语交际活动

日常口语交际活动是对小学生开展口语交际教学的基本途径，是能够有效提高小学生口语交际素养的一条教学途径。日常口语交际时刻在小学生的身边或身上发生，学校日常口语交际活动就是小学生锻炼口语交际能力的常规途径。进而言之，在一切学校教育教学活动中，都贯穿着针对小学生的口语交际教学活动，时时处处存在着口语交际教学的契机。在日常学校生活中，规范小学生的日常语言，为小学生口语交际素养的提高创造条件，是语文教师利用日常口语交际服务于口语交际教学的有效出路。

（二）口语交际课

应该说，口语交际课是语文教师自觉培养小学生口语交际素养的重要平台。在口语交际课中，提高学生的口语交际水平，是学校教学活动的优势。不同于日常口语交际活动，口语交际课的开展要体现小学生课外口语交际活动，尤其是日常口语交际活动的示范性与辐射性，带动小学生口语交际素养的整体提升。小学口语交际课的主要功能：激发小学生自觉锻炼口语交际能力的意识与愿望，为学生提供一个口语交际活动的典范，为小学生口语交际素养的提高发挥专业引领职能。在课堂中开展口语交际教学的方式是多样化的，如复述法、问答法、主题演讲法、课堂讨论法等。

（三）课外语文活动

课外语文活动是小学口语交际教学的辅助途径，是最具活力的一条教学途径。小学生的课外语文活动对小学生口语交际素养的培养发挥着特殊功能。小学课外语文活动的形式是多样化的，如故事会活动、集体集会活动、文艺活动等。在各种课外语文活动中，只要坚持弘扬小学生主体性的精神，鼓励他们主动参与口语练习，口语交际教学的效能就很容易得到体现。

（四）各科教学活动

实际上，各科教学活动也是锻炼小学生口语交际能力的重要途径。其他各科教学都是提高学生口语素养的平台，所以在这些课堂中，教师要让学生积极主动地锻炼自己的口语交际能力。在各科教学活动中，语文都是口语交际教学的契机，只要教师善加利用，小学生就能够在课堂中迅速得到口语交际能力的锻炼。可以说，将口语交际教学渗透在一切教学活动与一切教学环境中，是有效提高小学生口语交际素养的途径。

（五）情境的创设与开发

语文学科具有相当广泛的包容性与开放性，这使得课堂之外的活动都可以成为口语交际的内容，例如，交际内容可以是"多彩的春天""家乡的物产""家庭生活"等。从语言学上讲，话语发生的场合、空间环境，往往包含与话语有关的潜在信息，课堂教学这种特殊的环境却造成了某些信息的缺失。于是，如何解决交际空间的特定性与交际内容的丰富性所形成的矛盾，便成为一堂口语交际课能否成功的关键。事实上，很多教师口语交际教学的探索已经表明：在更大程度上使学生跳出自己所置身的课堂环境，自然地进入作为目标活动的口语交际情境之中，可以有效地解决上述矛盾。使学生跳出自己所置身的课堂环境，自然地进入作为目标活动的口语交际情境之中，有赖于情境的创设与开发。而这种创设与开发则要求尽可能地考虑到儿童的心理因素，避免因为与儿童心理需要的错位而导致交际的无效。

（六）知识的储备与准备

口语交际得以进行的必备条件是交际双方应该具有必要的知识、信息，它是交际展开的起点和解码、还原信息的支撑与逻辑依据。对小学生而言，学校固然要优先考虑交际话题是否与他们的生活有足够的相关性，但与此同时，教育的目的性又使得话题的选择不能完全局限于此。学校教育要使小学生在通过努力可以实现的情况下，适当地接触一些他们所不了解或不太熟悉的知识，以满足其交际的需要。因此，在进行口语交际的过程中，除了要求小学生具有一定的知识储备之外，同时要求他们在口语交际之前进行必要的知识准备。这不仅能使学习过程扎实有效，而且也为学生素质的主动发展创造了基本条件。

（七）交际规则的强化与习得

心理学认为，社会个体极其看重来自其他成员的认同、接纳、交流与尊重，而这一切都无法脱离与口语交际的关系。因此，在具体的口语交际中，学生要学会使用礼貌用语，以满足对方的精神需求。除了使用一般的礼貌用语外，学生还要学会在交际时遵循如下规则：不要将自己的观点强加于别人，让听者自己做出选择；所说的话要得体和谦虚，体现与别人的友好关系。同时，由于课堂教学中的口语交际是发生在处于同一交际空间的双方（或多方）之间的交际行为，学生在口语交际的过程当中，不论是有意还是无意，脸部的表情、手的动作乃至整个躯体的姿态也会参加到交际活动中，起到交际工具的作用。因此，口语交际教学中教师要适时指导，以强化学生对交际规则的使用习惯，提升交际能力。

（八）交际过程的操控与指导

课堂教学中的口语交际是教师在尽可能接近生活原态的自然情况下设计的，其目的是培养学生具有日常口语交际的基本能力，在各种交际活动中，学会倾听、表达与交流，初步学会文明地进行人际沟通和社会交往，发展合作精神。因此，除了一些交际规则、程序的指导之外，教师不应该像影视导演那样就学生交际过程中的话语内容进行具体指导。

首先，教师应当作为合作伙伴参与口语交际中去，通过自己与学生的交流、互动，推进交际的过程。其次，为了加强示范性，教师除了在全班师生交流中参与交际、适时引导外，还应对一些小组进行个别辅导；对于进行有效交际的小组，可以推荐到全班，向全体同学展示，以便学生能够有一个可以模仿、学习的典范。最后，针对学生在口语交际过程中常常出现的一些错误，诸如语法错误、逻辑不清、表述不当等，教师可以在学生说完之后，再针对出现的问题进行指导或者请同学补充、纠正。

四、小学语文教学中的口语交际方法设计

（一）口语交际与汉语拼音教学

学生在入学后首先接触的语文学习内容就是汉语拼音，汉语拼音是我国用来学习文字的最有效工具，其作用是非常重要的。儿童入学后，他们需要经历从以游戏为主的活动到以学习为主的活动的重大转变，所以当他们首先接触高拼音时，会感觉到拼音十分的抽象以及乏味。由于刚入学的儿童还不识字，所以他们学习拼音的过程需要以口语作为媒介。教师要让刚刚入学的儿童顺利地学习语文的第一关，就必须要把握好六七岁儿童的心理特点，依据他们的心理特点进行拼音教学。

（二）口语交际与写作

儿童入学后，口头语言和书面语言要协调发展。在学习语文和其他科目的过程中，儿童口头语言所使用的词汇逐渐增多，句式逐渐丰富，书面语言中的词汇量和句式也就会水涨船高。要使儿童口头语言和书面语言的协调发展，教师首先做的是指导他们不断地、有目的地对现有的口头语言进行加工、改造。低年级学生的书面语言还不熟练，教师需充分利用"练说"来指导他们写话。中、高年级学生在有针对性的练说之后，也会提高写作能力。

说与写组合的训练，各个年级均可安排，常用的方式有以下几种。

①说后抄写。学生练说后，教师将学生说的话语写在黑板上，让他们抄下来，这就是最初步的写话练习。

②说后写话。练说后，教师指导学生把话写下来，怎么说就怎么写。

③先重点练说后写作。中、高年级学生在写前如有困难，教师便可指导他们有重点地说，然后再写。

④口头作文后练习书面作文。

⑤按照书面提纲进行练说。这就是先写后说的形式。当学生口头表达的内容较多时，教师可指导学生先列出书面提纲，使讲述有条理。

说与写组合的方式多用于中、高年级的阅读课、作文课和低年级的说话课。在训练中，教师要引导学生理清思路，学说通顺连贯的话。如果练说的话较多，写下来还有困难时，写的要求可放低一些，教师有时可指导学生只写其中的某一部分或主要内容即可。教师还要根据儿童说、写的反馈信息，切实进行评析，提高学生说、写组合训练的效率。

（三）口语交际与阅读

在小学语文的教材中，每一篇课外都蕴涵了丰富的知识。教师可以在课

堂上尽可能创造多的环节与机会，让学生们进行口语交际，可以交流在本节课堂上学到的知识，也可以表达一下自己的感悟与体验。教师可以在他们进行交际的过程中，引导他们做到言之有物、言之有序，提高他们的口语交际能力。

（四）口语交际与综合性学习

口语交际教学具有独立性，不一定要与综合性学习结合起来，但综合性学习可以为口语交际提供丰富的内容、真实的情境，使口语交际更容易实现真实性和交互性。

语文综合性学习可以催生各种口语交际类型的形成，如果有意识地加以利用，能够提高口语交际的效率和质量。综合性学习中的口语交际从不同的角度可以分为不同的类型。从交际主体的需要看，可以分为被动交际和主动交际；从交际的对象看，可以分为同伴交际和社会交际；从交际行为的产生看，可以分为预设交际和随机交际。语文综合性学习对口语交际的建设性意义在于促进学生主动交际、社会交际、随机交际的行为发生，之所以说这些具有建设性意义，是因为它们与学生的内在需要相联系。无意识口语交际的综合性学习，客观上也会产生许多交际行为，而教师如果有意识地将综合性学习与口语交际结合起来，则会发现综合性学习具有形成各种交际点的可能性。这也就是说，语文综合性学习与口语交际是有机融合的，教师在开展综合性学习活动时应有"乘机"进行口语交际的意识，使探究活动与口语交际相得益彰。

第三节　小学语文口语交际教学应注意的问题

一、逐步提高学生的听说能力

小学阶段的口语交际训练要准确地把握起点和要求，教师应在学龄前儿童已有的听说能力的基础上逐步提高要求，防止出现起点和要求定得过高或过低的倾向。

在实际教学中，常见的现象是一年级口语交际的起点和要求偏低，有的教师将听说的要求等同于读写的要求，也从练习说一个词，练习说一句完整的话开始。其实，听说训练的起点和读写训练的起点是不一样的。对刚入学的小学生来说，他们之前几乎没有接触过书面语言的读和写基本上才刚刚起步，而他们已经有了好几年听和说方面的实践，已经掌握了许多词汇和句子，已经具有一定的听话、说话能力。显然，如果一年级学生的口语交际训练像读和写的训练那样，从词和句的训练开始，要求就偏低，不利于促进学生口语能力的发展。正是根据这样的思想，新课程对低年级口语交际的要求是"能认真听别人讲话，努力了解讲话的主要内容。听故事、看音像作品，能复述大意和自己感兴趣的情节。能较完整地讲述小故事，能简要讲述自己感兴趣的见闻"。要使学生了解别人说话内容，教师就需要训练学生既要把每句话听清楚，又要把每句话联系起来想一想，看看说的是什么内容；要使学生完整地讲述小故事，教师就需要训练学生既要把每句话说清楚，又要能将一句一句连起来。这样的训练要求比较切合低年级孩子语言发展的实际。

二、营造民主氛围

小学口语交际教学展开的前提是学生想说、敢说，其次才是会说、善说，因此，营造一定的口语交际氛围，是诱发小学生口语交际愿望的必需条件。

首先，只有营造出和谐、民主的教学氛围，学生才敢在训练中大胆地说话，获得锻炼的机会，提高他们口语交际的能力与水平。相比较而言，在相对专制的教学氛围中，小学生怕说、不敢说，课堂最终必然沦为教师的一言堂，小学生会失去许多口语交际的锻炼机会。

其次，要持续保持相对宽松、民主、踊跃发言的教学氛围，语文教师需要宽容小学生在说话中的出错现象，鼓励学生大胆地说并勇敢地纠正，达成预定的锻炼目标。

最后，教师要帮助小学生看到说话给自己生活带来的正向变化与积极影响，增强他们参与口语交际练习的勇气与信心。

三、教会学生学会倾听

口语交际教学不仅要教会小学生会说、善说，而且要教会他们会听、善听。善于倾听，既是一个人的美德，又是一个人准确把握对方说话信息与主旨，构建顺畅口语交流活动的条件。

其一，倾听是小学生学会听和说的起点，是语文教师必须进行专门训练的一个语言项目。在各种口语交际场景中，语文教师一定要善启善导，促使小学生在倾听他人对话中掌握一些基本的倾听技巧与倾听方式，不断提高学生倾听的能力，使之形成善于倾听的美德。

其二，在口语交际活动中，教师要善于利用激励，如表扬、欣赏等手段引发学生倾听兴趣，强化小学生的倾听兴趣与欲望，促使其做一个善于倾听的好学生。

其三，在日常口语交际中，有许多倾听的方法值得借鉴如边听边想法、听后思考法、主线捕捉法等，这些方法是保证小学生在倾听中既掌握对方谈话中的表面意义，又掌握对方谈话中意欲表达的言外之意，最终达到对对方谈话的全面、深入、到位的理解。

其四，教师应利用口语交际教学引导小学生掌握起码的倾听程式，这需要借助于一般训练程式来进行。首先，教师应引导学生抓住别人说话的主题；其次，在学生大致听懂的基础上，引导学生能够说出、复述别人说话的要点；再次，培养学生听出别人说话的缺点与问题的能力；最后，引导学生批判性地听话，做一个有创造性、善质疑的倾听者。

四、教学生把话说清楚

引导小学生把话说清楚，既是小学口语交际教学的基本要求，也是开展口语交际教学时遵循的一条基本要领。为此，语文教师应该从以下四个方面努力。

第一，尽可能在仿真交际情境中引导小学生说话。这种情境能够引发学生听、说、思、感等多种感官参与说话活动，使学生捕捉到全面的语言信息，给学生的说话提供立体、全方位的锻炼机会。

第二，创设情境，让学生学会创造性地说话。创设情境是在口语交际课堂教学中常用的一种教学途径，是教师掌握口语交际教学主动权的必需方式。在人为创设的生活场景中，语文教师既可以自主开展生活化练习，突破真实生活情境的限制，又可以引导学生借助情境的辅助功能，把话说清楚。

第三，教师要经常组织有趣的课外活动，让学生在活动中说话。开展语文课外活动，把说话活动向课外延伸，是提高说话教学效果的有效途径。语文教师应该积极创造条件，为小学生开展语文课外活动提供便利，以增加小学生口语练习的机会。

第四，利用媒体课件和影视短片来帮助学生学会生活。这是相对现代化的口语交际教学途径，需要语文教师在实践中大胆采用、积极改进，充分发挥多媒体设备对小学生口语交际教学的积极效能。

五、结合各种语文教学活动与环节

小学语文教学是一个有机体，无论是阅读教学、作文教学，还是识字教学、综合实践活动，它们都是小学生开展口语交际教学的重要途径。小学语文教师要善于在各种教学场合，开展直接或间接的口语交际教学活动，增加口语交际教学的机会。

第一，教师要主动在汉语拼音教学中培养学生口语交际能力。例如，教师在遵循口语教学先行的原则下，自觉增加师生间的口语交际活动，让小学生在识字之前，先学会用口语交际途径来进行拼音写作、拼音会话练习，培养小学生口语交际能力。

第二，在识字教学中培养学生口语交际素养。语文教师可以让小学生针对新字展开对话练习，可以引导他们利用生字来口头造句、口头说话，使口语交际教学有机地融入识字教学中。

第三，在阅读教学中培养学生口语交际素养，这是语文教学整体性特点的内在要求。人的阅读能力与听说能力应该是同步发展的，小学生阅读能力的提升、阅读量的扩充，自然有助于小学生说出更加丰富多彩、富于变化的话语，而口语交际能力的增强，又能够提高小学生阅读的能力，阅读教学只有与口语交际教学得以同步推进、科学结合，才可能促使小学生的口语交际素养与阅读素养都得到充分发展。

第四，在写话和习作教学中培养学生口语交际素养。写话与写作教学是小学口语交际教学的延伸，而小学生写话能力与作文能力的增强，势必会反过来增强小学生的口语交际能力。在习作教学中，语文教师要善于适当插入口语交际教学环节，以促使小学生的这两种能力协同发展、相互推动。

第五，在综合性学习中培养小学生的口语交际素养。综合性学习是一种相对开放、联系生活实际的新课程形态，需要语文教师给予充分关注。小学生对综合性学习充满向往，他们的参与热情较高，语文教师如果能够将之灵活地整合进口语交际教学系统中来，小学生的口语交际素养将会获得一个更为有利的发展平台。在综合性学习中，语文教师可以采用辩论、演讲、朗诵、调查汇报、生活经验交流等形式，促进小学生口语交际能力的发展，甚至可以通过开展课前"小演讲"活动、"新闻报道"等活动，来提高小学语文口语交际教学的实效，提高小学生对口语交际活动的热情。

六、采用灵活多变的教学形式

在日常语文教学活动中，语文教师可以采取灵活多样的形式来提高小学生的口语交际素养。

①举行看图说话表演赛、故事大王比赛等，激活学生的思维，激发说话兴趣，锻炼小学生的听话能力。

②在看图说话教学中，配以科学的学法引导，促使学生变得乐说、会说、善说，乐听、会听、善听。

③口语训练形式尽可能多样化，如"看—说—写""听—说—写""读—

说—写""画—说—写""做—说—写"等，均可采用。

④为学生提供听说活动的典型范例或典型素材，让学生在观察、理解、模仿中学会科学地听、科学地说，学会使用关联词说出较为复杂的话，促使他们的说话方式更加趋于科学化。

⑤在听说活动中巧用点拨、评价，以保持小学生持续的说话热情。一方面，在点拨学生的说话方式、表达技巧中，能够体现出教师在口语教学中的重要性，有助于构建良性的师生关系；另一方面，在点拨学生的说话错误与不当时，还可以提高小学生的说话艺术与表达能力。因此，善于点拨，辅助小学生学会说话，是教师开展口语交际教学的一项基本功。

第五章　新课程视角下小学语文阅读课程的教学设计

阅读教学是语文教学的中心环节，也是培养学生阅读和鉴赏水平的重要环节。如今语文教师亟待解决的问题，就是如何快速提高学生的阅读能力。透视当前阅读教学，不同程度地存在着离谱、片面、低效现象，探究提高阅读教学质量的教学设计，有利于提高小学语文教学的质量。

第一节　小学语文阅读教学的意义与目标

一、阅读教学的新视角——主线教学

（一）主线教学概述

每门学科都有特定的问题和视角，"学习语言文字运用"是语文教学的"独当之任"，它理应成为语文课程的特定视角，指引语文课程发展的方向。只有以"学习语言文字运用"为视角展开语文教学，训练学生正确理解和运用语言的能力，语文核心目标才会凸显出来和得以强化。一旦偏离"学习语言文字运用"这条主线，就会引发教学目标不明、内容不准、思路不清等问题。因此，语文教师应善于"博观约取，以约驭博"，准确把握教学活动的"主线"，借助"主线"的导引，让核心教学目标清晰起来，让教学内容聚拢起来，让教学重点突出起来，让学习思路简明起来，并以"主线"思维关注语文的知识生成，关注学生的言语活动，关注学生的思维发展，关注学生的情感、态度与价值观等。

基于上述思考，语文课程应以"学习语言文字运用"为主线，以"提高学生人文素养"为副线，以主线为核心建构语文课程脉络，力求明明白白教语文，清清爽爽学语文。于是，"主线教学"应运而生，人们希望它能够给语文课改注入一种新的思维，提供一种新的视角，打开一扇新的窗户。

（二）小学语文阅读主线教学的内涵

1. 阅读

现代社会，阅读作为一种智力技能，已成为许多人不可缺少的一种生存手段和生活方式。

"阅读"一词在《现代汉语规范词典》的解释是"看（书籍、报刊等），并了解其内容"，这种解释普遍适用于各种阅读方式。

新课程再次强调了阅读的重要性，阅读是人们通过语言文字认识世界，是人们获取信息和获得审美体验、发展思维的重要途径。同时，新课程还着重说明了学生的阅读实践不能让教师来完成，应当让学生主动去阅读，在阅读过程中亲自感悟、积极思考并体验，在情感的获取过程中有更深层次的理解，享受审美情趣。主线教学关注的是教学层面的阅读，因此，可以将阅读界定为读者对文本意义的整体把握，对文本主要信息不断再生、整合、聚焦、扩展和丰富，凭借已有经验对文本核心价值进行重构的过程。

2. 阅读教学

阅读教学是语文教学的一个子系统，是语文教学的组成部分和中心环节，同时又是相对独立的整体。

阅读教学至少包含三个要素：一是对话的主人——学生；二是对话的组织者——教师；三是有一定目的指向的对话资源——文本。

在教师与文本、教师与学生、学生与文本、学生与学生相互的对话过程中，阅读教学的第一要义是学生与文本的对话，是学生自主建构文本意义的过程，是把静态的文字符号还原为鲜活生命的过程，更是一种学习方式、一种思维方式的个性化建构过程。可见，学生与文本的对话在阅读教学中最为重要，是阅读教学的主要对话，是师生对话、生生对话的基础。而师生对话是阅读教学的次要对话，其作用是帮助学生将意义建构、情感体验、问题质疑等交融起来，提升学生自读、自悟、自得的质量。师生对话中渗透着许多阅读策略，学生在教师的引领下自主建构文本价值的同时，也在自主建构一种新的阅读方法。

3. 小学语文阅读主线教学

小学语文阅读主线教学是指以先进的语文课程理念和阅读教学思想为指导，有效吸纳其他的教学经验，从重构教学内容和优化教学结构出发，对阅读教学现状进行反思、调适和提升，从而优化阅读教学的过程。小学语文阅读的主线教学主要依靠文本自身特色、学生的实际情况和教师所教授的重点，按照所勾勒的教学重点进行重组，从上到下依次展现，对教学重点进行统一的贯彻和融合，从而构建起学生和教师之间、编者与文本之间的一座桥梁。

二、小学语文阅读教学的意义与目标

（一）阅读教学的意义

阅读教学是语文教学的基本环节，是形成学生语文能力的重要基础，是母语教育的主要载体。阅读教学在小学语文的课堂上占用比例最高，耗费时间最长；阅读教学所达到的效果如何、能否在设定的时间内完成教学任务等，在很大程度上都关系着语文教学的好坏，在小学语文的教学课程中具有极大意义。

1. 阅读教学能培养学生的语文能力

①培养阅读能力。学生阅读能力的培养是阅读教学的基本任务。学生通过日常的训练，掌握阅读技巧，实现有目标、有规律的阅读，为能够适应以后在日常生活中必备的阅读能力打下基础。

②提高识字能力。阅读教学是识字的重要途径。学生在阅读课文中可以认识新的字词，复习学过的字词，扩充自己的词汇量，丰富心中已经建立的词语资源库，在与人交往的过程中熟练应用并接收新的词语应用技巧。

③磨炼口语交际能力。教师在训练学生阅读能力时，通过说话、倾听等交流可以逐渐提高学生的口语交际能力。在阅读教学中，学生应认真倾听老师的讲解、描述和分析，在交际和辩论中，学生还应该先尝试自己提出问题，再进行讨论和回答，提高自身的口语交际能力。

④提高语言表达能力。阅读是写作的前提，阅读教学不仅可以让学生学会如何使用规范化的语言，而且能够培养学生理解和正确使用语言文字的能力。在阅读教学中，学生可以学习如何更新自身词汇量，学习词语的结合与重组、遣词造句、布局谋篇的方法；在阅读过程中，学生了解作者的生活状态，想象作者的生活中的琐碎，从而提高认识和表达能力。

2. 阅读教学能丰富学生的精神世界

①开阔视野。阅读教材涉及面甚广，包括自然科学、社会科学等的知识。小学语文的课文具有极强的包容性，在内容上也极富趣味，对于学生丰富情感、拓宽视野有着非常重要的作用。

②涵养品格。语文教材中的许多课文都蕴涵着作者一定的思想感情，都会对读者多多少少产生一定的影响，并会对学生产生人文教育功能。语文教材中除了一般课文，也存在着很多科学性、说理性文章，这些文章的存在能够帮助学生初步形成科学的世界观和方法论，而大部分的文学名篇，能指引

学生树立正确的三观。

③陶冶情操。语文教材的课文，涵盖了自然界、艺术界等各个领域的美好。阅读教学活动是充溢着情感的活动，因而容易引起学生情感上的交流，使他们从课文的语言上，句子的结构中，充分感受阅读的魅力。

（二）阅读教学的目标

1. 小学语文阅读教学总目标

《新课标》中规定的小学语文阅读教学总目标为，具有独立阅读的能力，学会运用多种阅读方法，有较为丰富的积累和良好的语感，注重情感体验，发展感受和理解的能力。能阅读日常的书报杂志，能初步鉴赏文学作品，丰富自己的精神世界。

2. 小学语文阅读阶段目标

《新课标》中将小学课程目标分为三个学段，分别提出了每个学段的任务，充分发挥语文课程的整体性和阶段性，使各个学段之间互相有联系，最终全面实现总目标。

相对于总目标，各学段目标的梯度、层次及有关表述更为清晰，可以增加课程目标的适切性和教学实施的可操作性。就阅读而言，根据学段目标可知，除正确、流利、有感情地朗读贯穿每个学段的教学目标外，第一学段注重阅读的乐趣，第二学段注重略读和默读，第三学段则注重要一定速度的阅读和浏览。这三个学段的侧重点显示出阅读阶段目标的层次性，如果紧扣本学段有关阅读的阶段目标，就能准确定位当前阅读教学的阶段性任务，合理满足学生阶段性发展需求。

可是，教师由于缺乏全面的思考，时常忽视语文课程总目标，以及语文课程总目标和本课时教学目标之间的关联，很少考虑教学进程中各个时段教学目标的不同侧重点。如果教师对每个学段的教学目标了然于胸，注重教学目标的整体性和计划性，尊重本课特点，兼顾单元重点和年级要求，制定每课时教学目标时就会有所侧重，准确定位当下的任务，进而循序渐进地展开教学活动。

3. 小学语文主线阅读教学的目标

（1）实现阅读教学语境化

将教学活动置于某个语境之中，促使学生的言语实践演化为内通外联的意义链，形成灵动而浑然的统一体是阅读教学语境化的基本含义。学生的言语实践应被置于整体语境之中，这一基本规律在主线教学中是通过整体把握视点体现的。整体把握视点在教学活动中断续穿插、适时聚焦各个教学点，可以将整体把握视点所体现的语意投射于各个教学点，使各个点的教学折射出整体把握视点的语意，促使整个教学活动处于整体把握视点所体现的语境之下。

创设和运用整体把握视点，就是为了帮助学生在对话中寻找整体语境，稳定言语实践的语境，使学生的言语实践拥有相同的依托和共同的目标趋势，让学生在整体把握视点所体现的语意中知文意、得文言、悟文神、习文法，同时，提醒学生遣词造句时应注意语境，这样才会准确得当，恰如其分。

（2）实现阅读教学结构化

阅读教学结构化是指教学内容在整体把握视点的穿针引线下，由散到聚，由点成线，促使教学内容有序呈现，形成一定的结构，外显教学点之间的聚合关系，内引学生的学习向深度推进，促使学生在学习过程中发现各个教学点的关联，生成线索化的认知结构。

结构是功能的基础，什么样的结构决定了什么样的功能。任何事物都是由一些要素按照特有的结构组合而成的，优化要素的结构就能提高整体功能。因此，教师应关注教学内容的确定性，关注教学内容的层次、关系、结构等，关注教学活动的整体框架，尽可能地减少阅读教学的随意性、盲目性、模糊性。

另外，教师还应利用教学内容的关联性，增强教学内容的连续性，使学生有条不紊地自读自悟，建立句子之间、段落之间的结构关系，感受教学活动的连贯性，悟得教学点之间的逻辑，在彼此交融中，形成结构化的语文知识模块，以整体把握文本。

（3）实现阅读教学简约化

阅读教学简约化是指教学活动要重点突出，主次分明，层次清晰，结构清爽，进而促使教学目标简明，内容简要，过程简化，环节简洁。

主线教学力求按照文本主要的言语形式和人文意蕴采取重其所重、轻其所轻的策略，大胆取舍文本内容，以最简单的方法呈现给学生，有的放矢地将相关资源活化为学习资源，引导学生围绕文本核心教学价值展开针对性的品读，集中精力解决一两个主要问题，实现一课一品，课课有得，为学生简单、轻松地学习创造条件。

可见，主线教学凭借整体把握视点，突出主干，理清主从，消枝去叶，剪裁提炼，化繁为简，融通相关教学资源，可以促使纷繁的教学内容简单明了，复杂的教学过程简约明晰，多样的教学方法简便易行，进而将文本核心教学价值凸显出来，促使学生凝神聚思，聚焦重点，品读体悟。

（4）实现阅读教学感性化

阅读教学感性化是指文本核心教学价值被显性化为某些可见、可闻、可感的表象或意象，增强学生的感受力，帮助学生直接走进文本，直观对话文本。主线教学侧重从形象入手，致力于将体现文本核心教学价值的文本内容转化为可感的资源模块，将意蕴深刻的语句置于具体的整体把握视点之中，这有利于学生生成相应表象，还原文本的语境。

主线教学在整体把握视点的引领下，省略中间的讲解、分析、推断等环节，引导学生直接接触语言文字，这有利于调动学生的相关表象，强化学生新旧图式的同化或顺应。主线教学注重运用换位感受、比照参读、想象体验等直觉思维，将学生的言语实践置于诗意之中，让直觉感知贯穿于教学，促使文本核心教学价值生成表象外显出来，这有利于学生生动、形象地悟得文本主旨，习得言语形式。

第二节　小学语文阅读教学的过程设计

一、找准阅读重点教学目标

要找准阅读的重点目标，应该首先了解教学目标的性质，阅读教学目标是隐藏在课文里的，需要仔细地阅读和寻找。例如，小学数学、思想品德等这些课程每节课的教学目的都十分明确，但语文教材的呈现方式是课文，课文并不会告诉教师它的教学目标，这让很多教师都会产生误解。

（一）从《新课标》的学段目标中找准

语文教学的基本宗旨源于《新课标》，《新课标》中的学段目标，不仅是《新课标》的核心内容之一，也对阅读教学提出了一系列具体要求，成为教师教授课文的基本依据。

语文教师不明确学段目标的原因是没有找到正确的引导方向。语文教师总是一味用观摩课的态度去导课、评课，基本很少用年段目标去指导、评价，因此，导致了教学目标严重缺失。

教师在教课文的过程中，要分学段明确阅读教学目标，寻找侧重点，最终实现对教材的整体设计。

（二）从教材编排意图中发现

任何语文教材的编写都有依据。比如，人民教育出版社出版的（以下简称人教版）高段教材都存在隐性的教学要求。因此，语文教师应认真阅读教材，仔细揣摩开发现教材编排意图，并从中寻找阅读重点目标。

（三）从课文特点中揣摩

要想确定一篇课文的重点教学目标，教师不仅要关注学段目标和教材编排意图，而且要观察并思考揣摩课文有何特殊之处。

（四）结合学生实际

教学需要因人而异，所以学生的实际语文学习状况也成了确定教学重点目标不可缺少的因素。例如，班上的学生语文能力较强，教师就可以把教学要求调高；反之，可以适当降低。

二、围绕重点设计教学主线

（一）根据目标设计教学

教师在教授任何一篇课文的过程中都要进行反复揣摩，找准重点目标，培养学生的语文能力。教好一篇课文的前提是准确地确定重点目标。针对一个课时，教师应只确定一个重点目标，并兼顾一般目标。

等目标确立好后，教师应保持教学主线和重点的一致性，避免脱节的发生并开始围绕重点设计教学主线。教学主线也是教学的基本方面，一个课时的教学过程中一般会有 3 到 5 个基本环节，这些环节的构成应该有其特殊性和高效性，并尽可能围绕一个重点目标展开。

要紧抓教学主线，教师可指导学生从课文的重点词语入手，从而实现对文章内容的掌握；也可以在掌握过程中理清脉络，学会寻找文章的蛛丝马迹；还要时刻在阅读中仔细思考，增强动手能力。这一过程是学生自我成长的过程，虽然实现过程中可能有困难，但最终效果是非常可观的。

（二）采用科学有效的教学方法

1. 举一反三

举一反三是设计教学主线的常用方法。这一方法经常出现在童话课文中，教师可指导学生自己学习并归纳总结，也可以培养学生联系上下文的能力，让学生自己领悟其中深意。

2. 以新联旧

众所周知，很多课文都具有相似性。随着学生从小到大接触的课文不断增加，进入高年级后，更会有很多相似类型的文章出现。一旦出现这种情况，教师可以帮助学生学会联系曾经的同类课文，从而让学生加深对文章共同点的认识。例如，联系《草船借箭》《鲁本的秘密》这类有悬念设置的课文，通过新旧的结合，使学生快速掌握悬念设置方法。这样的例子在小学课文尤其多，学生只要对于每类文章都掌握一点，那么对后续的学习有很大帮助。

3.逐步升级

这是一种由简单到困难的设计过程。在低年级的教学过程中可以先进行阅读朗诵的课程，教师要循序渐进地引导学生，要求学生做到正确、流利并且有感情地朗读。等到学生的年级再高一点，教师提出的要求可以增加难度，例如可以让学生在阅读之前就对文中不理解的地方提出疑问。这样一来，通过巧妙地提出疑问与解答的过程，能够培养学生敢于质疑的精神。

4.读中学写

教课文的方法并不是只有阅读、发问和讨论，动手写也是非常关键的。学生在阅读过程中，碰到重要的字词句要时刻拿笔记下来，这样可以增强记忆能力，这种做法非常重要。所以教师在教学主线中，可以尽量弱化学生的发问和讨论，重视读与写。

（三）加强情感价值观的引导

教师要以语文能力的培养作为教学主线进行研究，不摒弃各类价值观和任何情绪上的引导，并且还要把这种引导当作自己的责任。语文能力的培养除了语言文字方面，还包括了情感、态度和价值观等方面。脱离了人文内涵，语言文字也变得索然无味。因此，在教学时，教师要自觉地展开这方面的引导，力求在做到在讲求实效的基础上也要适度，合理地进行情感价值观方面的教育。

三、注重课堂的有效性

（一）教学环境的有效创造

1.以学生为中心

教育环境的构成是学校进行教学活动的先决条件。如果把教师和学生比喻成舞台上的演员，那么教学环境就是展示他们风采的舞台。在以学生为中心的课堂中，好的教学环境的建立为学生提供了良好的氛围，也为教师之后的教学提供了选择和灵感。学校环境也应将有各种有趣的互动提供给学生，并在此基础上满足学生的其他需求，使其更好地融入学习。

2.有机构成学习环境

要想构成好的学习环境离不开具体场景的建立、师生之间的互动与和谐的沟通过程。

（1）具体场景的建立

在学生的学习过程中，建立出具体场景能够帮助学生更容易理解所学内容，是构成良好学习环境的重中之重。

（2）师生间的团结合作

团结不仅发生在工作伙伴之间，教师和学生与学生相互之间也要讲求团结合作。只有合作才能确保学生学习过程的顺利展开，才能使学生获得对世界丰富的认知。相互间的团结合作应当贯穿于学习过程的始终，这也对之后的学习有着重要意义。

（3）和谐的沟通过程

团结合作最离不开的就是和谐的沟通过程，只有良好的沟通才能促进学生的发展。沟通的过程是循序渐进的，作为最为基本的方式，和谐的沟通能帮助沟通双方打开新世界的大门，并在整个群体内实现资源共享。

（二）处理好整体与部分的关系

整体感知、整体把握这些术语现在已经广为人知。教科书中的一篇篇课文，都是以一个个整体存在的，而文学作品更是充满生机的有机体。在进行阅读教学期间，教师总是不管文章有没有正确的逻辑和实际，就开始从上到下的按顺序进行分析。

对语言的整体把握是指对语言的形式、内容、文字符号及其蕴含的事物、现象、行为、思想、感情、观点乃至方法的整体联系性把握，最终落实在对语文知识和语文能力的综合运用上，教师要能独立地去解决在协调阅读和语文关系中所遇到的实际问题，完成并实现最终任务和目的。整体把握的大概意思就是把握认识事物等在课文中建立起的语言环境，了解作者想要真实表达的情绪。如果只在课文的修辞、句式上下功夫，就达不到整体把握的目的了。

教师不应把课堂当讲堂，进行琐碎的字、词、句的分析，而应该紧抓课文的整体性，把握好课文中出现的整体目标，使学生全面地接触课文，理解课文。

第三节　基于言语内容的小学语文阅读教学设计

一、言语内容教学的意义

文本的言语内容就是指"在具体的言语活动中，言语与言语环境结合在一起而产生的意义"，即文本的内容以及所传达的思想、情感、意志等。理解课文内容、领悟思想感情是阅读教学的重要方面，这个方面回答的是"是什么"和"为什么"的问题。"是什么"指的是文章内容，包括所记叙的人物、事件以及故事情节；"为什么"指的是隐藏在这些人、事、物背后的思想，是文章的灵魂，也就是文章的中心思想。

基于言语内容的阅读教学对丰富学生知识经验，发展学生思维，陶冶学生情感，提高学生思想认识有重要意义，基于言语内容的小学语文阅读教学的意义具体包括以下几个方面。

①扩展学生的视野。小学语文教材内容丰富，涉及自然科学、社会科学等知识，因而在语文课上，对文章内容的学习能开拓学生的视野，增长学生的知识。

②发展学生获取信息的能力。阅读最为基本的功能就是帮助读者获取信息，获得间接经验，尤其是在信息高速发展的时代，阅读更加成为每一个公民必备的基本素质。小学语文课程通过对学生理解词句、提取信息、概括内容等能力的培养，发展学生获取信息的能力。

③训练学生的思维能力。语言和思维有着密不可分的联系，离开思维，语言就成为一堆没有任何意义的抽象符号或音节；离开语言，思维也就失去了传递和交流的可能。因而学生对文本言语内容的阅读也是了解作者思路，学习作者思维，发展判断、推理等逻辑思维能力的过程。

④培养正确的情感态度、价值观。这一目标无疑需要学生通过对文章内容的深入探究，对作者情感的细致体察，以及对作品主题和社会现实的联系思考来实现。

二、基于言语内容的阅读教学措施

基于言语内容的阅读教学在某种意义上来说，其选文在题材方面应是学生可以理解但又不是很熟悉的。如果学生非常熟悉文本的题材，那么不需要教学，学生就能理解和感悟其内容和主题。为此，这类阅读教学重在引导学生对文本进行阅读理解和感悟，使学生经历从语言文字入手，到理解文章内容，再到探究文章主题的复杂过程这类阅读教学具体的教学措施如下。

（一）概括段意

概括段意实质上是将全文归纳成简单的写作提纲，段意是作者写作提纲的再现。从这个提纲可以清楚地了解作者布局谋篇的方法及作者的思路，为进一步总结全文的主要内容及中心思想奠定了基础。善于概括段意，就能抓住文章的要领。

明确概括段意的标准是掌握概括段意方法的前提。正确概括段意应符合三条标准。一要围绕中心，抓住重点。每篇文章都是围绕中心组材的，每一段都是为中心服务的。因此段意必须围绕中心，抓住重点。二要语言简练。概括必须精要，如果十分烦琐，它就不能被称为概括。三要注意段意间的内在联系，段意既然是全篇文章的写作提纲，每段段意就应是全文链条上的一环，段意间是相互关联的，表现在能从段意间看出各部分的内在联系。同时，在表达形式上，概括的角度应一致，句式、句子长短应尽可能相近，读起来给人以脉络清晰的感觉。教师可以指导学生掌握以下三个概括段意的方法。

1. 从自然段关系入手概括段意

结构段是由自然段组成的，从自然段关系入手，学生易接受、易掌握。此法分为三步：概括自然段大意；分析自然段间关系；概括段意。依照自然段间的不同关系，学生应灵活、巧妙、正确地概括段意。

自然段若独立成段，段意就是自然段段意；自然段间是总分关系，段意应落在总述的内容上；自然段间是并列关系，概括段意时应将并列的几个内容都概括进去；自然段间是因果关系，一般把结果作为段意的重点；自然段间是顺承关系，概括段意时应按事情发展线索，抓主要内容。这里要提醒学生，通观全篇是前提，概括前要读全篇，了解梗概后再从自然关系入手概括。

2. 从段篇关系入手概括段意

这种概括段意的方法要求抓住每段与全文主要意思紧密相关的内容来进行概括。运用此法的基础是全篇要读懂、每段要读懂。概括的关键是做到两个"准"：一是对全文主要内容要抓得"准"，二是对每段中与全文主要内容紧密相关的内容要抓得"准"。

3. 从全文结构线索入手概括段意

不同结构的文章有不同的线索，概括这些文章的段意时也表现出各自的特点。

（1）概括按事情发展顺序组织材料的文章的段意

这类文章是按事情发展组材的，其段意须体现事情的全过程及各个发展阶段。事情是由人做的，所以还要在段意中突出人物的表现。概括每段段意应抓住三个要点，即在什么情况下，谁，干什么（怎么样）。

（2）概括按时间先后顺序组织材料的文章的段意

这类文章可以叙事记人，也有写景的。既然按时间先后分段，段意就要突出时间的阶段性和连续性。

（3）概括按空间位置变化组织材料的文章的段意

采用这种结构的多是游记、写景、参观一类文章。既然结构线索是空间位置的变化，段意就要突出地点的转换，概括时应具有以下要点，即谁，什么地方，看到什么样的景物（或参观什么地方）。

（4）概括按总分关系组织材料的文章的段意

概括这类文章段意比较容易，只要紧紧围绕总述的内容分别概括每段的段意就行了，关键是理清文章的脉络，找准文章的线索。文章的线索既可以作为分段的依据，又可作为概括段意的前提。由此可见，分段与概括段意两个方面训练应是相互联系的。

（二）归纳文章主要内容的方法

概括文章的主要内容是小学高年级的阅读重点训练项目，是阅读能力的重要体现，也是理解文章的重要标志之一。学生抓住了主要内容，就可以简要地理解文章主旨，为进一步总结中心思想打下基础。在已经进入信息时代的今天，人们需要接收的信息应接不暇，善于抓住主要内容，是速读的重要方法。

归纳文章的主要内容，需要明确三点：一是要从整体出发，着眼于全篇，不能以次要充当主要，以局部代替整体；二是要从内容角度出发，归纳的应是文章的内容，主要内容与中心思想虽有联系，但不是一码事，前者指的是作者写的是什么，后者则主要回答作者为什么写；三是既然是归纳，语言要简明扼要，应是对全文的浓缩。

在引导学生明确归纳文章主要内容的概念的基础上，学生重点应该学习的是怎样归纳主要内容，具体的归纳方法如下。

1. 段意勾连法

学生在理解课文时一般都要经历先整体再部分，最后回归整体的过程。段意勾连法首先要求学生做的是给课文分段，大概读懂每段表达的意思后，再来概括课文的整体内容，借助小段分析整篇。学生要学会详略得当，语句通顺。

2. 词语连接法

课文的总体是由字、词、句的连接构成的，先在文章中寻找合适线索的重点字词，再加以串联，那么课文的主要内容也就显现出来了。

3. 问题综合法

归纳文章主要内容还可以从问题着眼，先自提问题，再联系文章回答，由此综合出文章主要内容。

4. 文题扩展法

题目是文章的"眼睛"。某些文章的题目直接点出了主要内容。只要联系文章，将文题加以扩展，就能归纳出文章的主要内容。文题扩展法比运用以上三种方法归纳主要内容，语言要准确。

（三）总结中心思想的方法

总结文章中心思想是阅读一直以来的重点和难点，它首先要求学生能分清中心思想和主要内容。中心思想指的是作者通过主要内容想表达的观点。中心思想和主要内容最大的区别就是，中心思想注重为什么，主要内容注重是什么。所以，教师在引导学生搞清什么是中心思想以后，还要教给他们总结中心思想的方法，这样学生才能形成阅读能力。总结中心思想的具体方法如下。

①分析题目总结中心思想。有时文章的题目往往揭示了重要观点，是凝练了整体内容的高度概括。

②分析开头与结尾总结中心思想。有的文章开头就合盘托出了中心思想。

③分析文章的写作手法总结中心思想。有些文章常常运用抒情议论的写作手法抒发情感，只要稍做研究便能发现其所要表达的中心思想。

④分析重点词句段总结中心思想。文章的中心思想就是通过重点词、句、段集中表现出来的，从重点词、句、段分析就能总结出中心思想。

⑤分析文章中人物的言行和心理总结中心思想。阅读以写人为主的文章时，学生应注意分析人物言行和心理，抽取人物的性格特征，就能正确地把握中心思想。

第四节　基于言语形式的小学语文阅读教学设计

一、文本的言语形式的内涵

言语形式是指言语活动的方式，是将语言内容和语言形式与言语活动中所出现的语境因素结合起来，并用语境因素进行转化和加工的过程。文章体裁、修辞手法、结构层次、音韵节奏、标点符号等都是言语形式的主要表现形式。

文本的言语形式是一个内涵十分广泛的概念。在实际的阅读过程中，只要与"怎样写的"有关的因素都可以被看作文本的言语形式。

（一）文章体裁

文章的体裁，一般简称文体，是作者根据表达的需要来选择的。不同的体裁对同样的写作对象会产生截然不同的表达效果。记叙文着重叙述事件的起因、经过、结果，说明文则说明事物的性质和特征，诗歌则通过含蓄的、富有韵律的语言表达某种思想感情。

我国现行的小学语文教材已经按照不同实际，编入了各类体裁的文章。但不同文体的文章在教学重点和学法上各有差异。

（二）选材与结构

选材与结构是指文章具体写哪些事物，按什么顺序来写以及各部分的详略安排，等等。在阅读教学中，教师应引导学生对独具匠心的文章布局进行揣摩，一方面帮助学生把握作者的写作意图，深化学生对文章内容和主题的理解；另一方面让学生学习谋篇布局的多种方式及其表达效果，鼓励他们在自己的写作中尝试运用。

（三）修辞手法

尽管小学阶段的教学目标不要求学生完全掌握常用的修辞手法，但修辞手法的学习对学生阅读理解和表达能力的训练有重要作用。小学的阅读教学重在指导学生通过诵读或对比体会常用修辞手法的表达效果。

（四）用字遣词

写文章讲究反复推敲，教师应引导学生阅读语言形式精巧的文章也应当着眼于每一处细节，有时一字之差便可以体现作者遣词造句的精妙。

二、侧重言语形式的阅读教学措施

言语形式的教学包括感知、对比、尝试运用等环节。教师要按照文本的特点，将文本中的特定言语形式通过朗读和书写等方式，引起学生关注，使其深入体会其特点和效果。

（一）理解词语

理解词语在读懂文章中起着关键性作用，是阅读能力的体现。理解词语的方法有以下几种。

1.勤用词典法

字典、词典或搜索网络是独立阅读的好帮手，学生在阅读过程中，看到解释不了的词语要经常查阅。

2. 结合上下文法

当词语在文章中使用时，有其特定语境。词意与语境密切相关，结合上下文进行分析就能够更好地理解词意。所以，教师要教学生碰到不懂的词，会根据上下文琢磨它的意思。有的词语的原意在课文中发生了变化，仅靠查工具书是不能解决问题的，必须联系上下文去理解。

3. 解释观察法

有时，一些词语已经概括了某个事物或场景的特点，在这种情况下，教师要教会学生通过观察、图解等方式，将与概括相关的内容勾画出来，这样就能顺利读懂词语的意思了。

4. 词语替换法

中国语言博大精深，反义词、近义词更是数不胜数，想要准确地理解词意，可以在理解的过程中进行同义词替换，替换后词语的意思就显现出来了。

（二）理解句子

鉴于课文句子的不同特点，应采取不同的方法。教师通常可教给学生以下几种方法。

1. 图示展现法

课文中的某些句子描述的是事物、场景、状态，具有形象性，同时又往往与学生生活较远。教师要使学生理解这类句子可以教会学生图示展现法，使学生边读边看看插图，或边读边画画示意图。

2. 词语突破法

句不离词，破词能解句。只要明确关键词语的含义，学生也就能理解句意了。词语突破法的具体操作步骤要分三步：①在第一次阅读中就要抓住关键词语；②深度挖掘关键词语在文中的意思；③结合以上内容，理解全句的意思。

3. 上挂下联法

句不离文。学生必须紧密联系上下文才能掌握有些句子的句意。这就需要用上挂下联法，把句子放到全文中去思考。

4. 成分扩缩法

课文中常有一些长句，这些长句的特点往往是句子的附加成分较多。要使学生理解这类句子，教师可教学生先缩句，抓句子的主干，使句子由长变短，再扩句添枝叶，逐步恢复句子原状，句意也就显现出来了，这就是"成分"扩缩法"。

5. 转变句式法

课文中存在的很多句子都添加了华丽的辞藻，运用了恰当的修辞手法，这可能会影响学生对句式的直接理解。教师可以指导学生先将文章的原句进行一定程度的改写再去比较。

（三）掌握分段的方法

分段是把文章分成意义上比较完整、相对独立但又与全文有联系的单位的过程。这个单位不是指自然段，而是意义段。给文章分段等于理清课文的结构，掌握文章各部分之间的内在联系，犹如透过皮肉看到骨架一般，是深入理解课文的过程。要使学生学会给课文分段的技能，就应在以下几个方面努力。

1. 教学生掌握文章的结构规律

文章的结构有其自身的规律，学生掌握了规律，分段才能建立在科学的基础上，学生才能提高分段的准确性。要掌握分段直接相关的结构规律，应做到以下两点。

（1）掌握分段的依据

学生可以按一定标准将一篇文章划分为几个部分。这个标准就可作为分段的依据。学生明确了分段依据，分段的准确性会大大提高。由于文章的结构不同，分段的依据也有所不同。学生可以将文章按时间顺序、事情发展顺序、不同内容、空间位置转换和材料的逻辑关系等进行分段。

学生在确定分段依据时可以采取三种方法。一是抓贯穿全文的线索。有些文章似乎存在着几种分段依据，也可以说有几条线索，出现大线索套小线索的现象，遇到这种情况，教师应引导学生抓住贯穿全篇的那条线索，并将之作为分段的依据。二是抓符合作者思路的线索。有些课文存在几条贯穿全文的线索，遇到这种情况，教师应引导学生抓符合作者思路的线索，并将之作为分段依据。三是具体问题具体分析。遇到有特殊线索的文章，教师应引导学生认真阅读，具体问题具体分析，千万不要拿常见的分段依据硬套。

（2）注意分段的标志

分段的依据揭示了文章段落间的内在联系，这种内在联系往往从字里行间显露出来，这就是段落的标志。学生如果掌握了它，就可提高分段的质量和速度。常见的分段标志有时间词语，地点词语，总起、总结句段，过渡句、过渡段，小标题、空行，等等。需要注意的是，凡以总结上文为主的过渡自然段应归上段，凡以引起下文为主的过渡自然段归下段。

总之，明确依据、找出标志都是为了掌握文章的结构规律。依据是文章的内在联系，标志则是依据的外在表现。明确依据是分段的关键，找出标志只是分段的辅助手段。教师要提醒学生注意，决不要拿到一篇文章，粗浅感知后便忙于找标志分段，而忽略了确定分段依据。在实际运用时，学生应先明确依据，后找标志，二者又均以读懂课文为基础。

2. 教学生分段的正确步骤

学生分段的过程是较复杂的思维过程。要想使学生分好段，教师除了要教学生掌握文章的结构规律外，还要使其按合理的步骤分段。

（1）通读全文，读懂内容，确定依据

分段属于篇章训练，缺乏对全篇的了解，就很难做到准确分段。因此，教师要使学生首先从全文入手，初步了解全文的主要内容，找出分段的依据。这是分段的前提。

（2）细读小段，理解内容，找出标志

学生有了通读全文的基础，就要按照确定的分段依据逐小段细读课文，明白每小段的意思，并从段落间的连接中找出分段的标志，这样就为分清起止做好了准备。这一步是分段的重点步骤。

（3）精读全文，按依据分起止

依据确定的标准，参考发现的标志，分析各自然段内容间的区别和联系，从而分清各段的起止，这是分段的关键步骤。要分准起止，也需要有正确的方法，常见的有两种。一是自然段归并法。这种方法是从自然段着眼，将相邻的意思相同的小段合并为一段。二是提取中心段法。这种方法从全文主要内容着手，首先通读全文，找出线索，抓住主要内容和叙述主要内容的中心段，再分析其他部分，分段即可迎刃而解。

以上的分段步骤实质上体现了这样两个过程：从阅读文章的角度看，是由整体到部分再回到整体的过程，前两步为基础，后一步为关键；从思维的角度看，先是对全文做综合思考，再对小段进行精细分析，最后对全篇综合分析，划分出段落，这是一个综合—分析—综合的过程。

第五节　小学语文阅读教学应注意的问题

一、坚持工具性与人文性的统一

语文课程的基本特征就是工具性与人文性的统一，语文具有被大众利用的特性，这一特性决定了语文课程的开展就是为了让学生掌握语言文字的能力。而语文的人文性特点要求教师在教学中塑造学生健康、善良的心理品质，建立自己内心世界的崇高理想。

每一篇课文都是语言形式和思想内容的统一。语文教师引导学生学习一篇课文，着眼点主要应该放在语言文字的教学上。语言形式如果离开文章的思想感情，就无所谓好坏了。可见，工具性和人文性在阅读教学中是统一的。教师的任务不是去外加什么东西，而是坚持这二者的辩证统一。

二、注意阅读教学的价值判断

阅读教学是学生、教师与文本三者之间的对话。在对话过程中产生的共识就是价值判断的结果。同样一篇课文，不同的课堂和老师，呈现的可能是完全不同的内容，这就需要师生对此进行一定的价值判断。

三、充分激发学生创造潜能

激发学生的创造潜能，要通过语文教学的各个环节去完成，阅读教学作为语文教学的重要组成部分，要时刻在紧要关头发挥其作用。

课文中的思想、形象、语言都是经过作者丰富的创造力创作出来的。学生在阅读时就能接收到作者的想法，同时也拓宽了自己的想象力，为以后自己进行创作提供了范例。

要想激发学生在阅读教学中的创造潜能，教师首先要做的就是营造出一种和谐、欢快的课堂氛围，促使学生勇于表达自己的想法。学生能有自己的意见最好，毕竟在课文理解上是没有准确答案的。其次，教师要培养学生的求异思维并加强引导，还要重视与学生讨论交流的机会，给学生足够的空间进行想象。如此坚持下去，学生定会形成探究的习惯，逐步提高分析问题、解决问题的能力和创造性思维能力。

四、注重课堂教学的有效性训练

随着课改的不断深入，新的理念已深入人心。但是，反思当前的阅读教学，语文教师仍存在着许多不尽如人意的地方。比如，对教材理解不够准确，尚未确立学生是教学的主体意识，训练意识还不强等，尤其是对阅读教学要训练什么，怎样训练尚不十分清楚。教师可以通过以下几种来落实阅读教学的有效训练。

（一）建立阅读训练平台

教育心理学原理中表示，学习欲望是由学习动机激发的，年龄阶段不同的学生，其需求也都大不相同。随着年级的上升，学生开始产生抽象型思维，脑洞越来越大，情感也越来越丰富。多为学生创设情境，就能激起学生强烈的求知欲，从而为强化阅读训练打下基础。

（二）强化阅读效率训练

1. 提问要引导

对于初学课文的学生来说，阅读前的提问要有概括性；讲解课文时的提问要有研究性；阅读后，提炼中心时的提问要有深刻性。

2. 提问要精练

提问不宜过分啰唆，否则会导致答的人听不懂，问的人得不到自己想要的答案，所以在提问时，教师要抓住有内涵的方面来问，要问出本质，使学生所掌握的基本技能显现出来。

3. 提问要掌握度

①斜度。单指好斜度就是指提问的问题要难度适中，还要恰当合适，能考虑到学生的接受度，也能带动后进生的学习热情，方便扩大阅读训练的范围。②宽度。掌握好宽度就意味着提出的问题要涉及方方面面，以此来拓宽学生的发散性思维。③深度。教师要掌握好深度就意味着教师一定不能只简单地提出问题，而要使学生理解其中的深刻含义，尤其是在理解重点句子和段落方面，要提醒学生特别注意。

（三）提升阅读训练实效

1. 提倡多种方法并用

阅读训练中产生的答案是不能固定的，否则会局限学生发散思维。要使学生学会用多种方法解决一道题，既能培养学生的语言表达能力，又能实现学生语言和思维训练的互补。

2. 提倡边读边思

思维和阅读相统一的训练才是科学的训练方式。这就要求教师必须引导学生找到课文不同于其他文章的地方，用心领会作者为什么会有这些构思巧妙、设计细腻的安排；同时也要求学生能联系生活实际，运用现有的知识思考问题，加深对课文内容的理解。《新课标》也指出："在阅读中揣摩文章的表达顺序，体会作者的思想感情，初步领悟文章基本的表达方法。在交流和讨论中敢于提出自己的看法，作出自己的判断。"

教师也应该自觉地把文章相同的体裁罗列出来，以便于学生进行比较，并在相同处找出不同。用比较的方法进行教学，可以使学生收获更多。

五、重视阅读习惯的培养

培养学生的阅读能力和阅读习惯是教学的主要任务。良好的阅读习惯应该体现在阅读教学之中。学生从预习到复习的过程中的练习，都是在教师的指引下进行的，而练习恰好是良好阅读习惯形成的必经之路。在学生还没有养成良好阅读习惯的情况下，更应该接受更加严格的要求。当然，严格要求应该是正确积极的引导，教师对学生产生的一点改变都要给予积极的回应和评价，只有教师的态度是积极的，才能够引导学生向更正确的方向前进。

六、设计学生喜闻乐见的教学形式

要激发学生的兴趣非常需要教师在精心设计教学形式上下工夫。小学生注重形象，好奇心强，这就要求阅读教学手段要具有形象性、有新意、多变化。所以，教师可以采取实物演示、观看图片、做小实验、做游戏、戴头饰、搞竞赛、听录音、放幻灯片、看录像、观电影、演课文剧等丰富多彩的教学形式，使阅读课变得生动活泼。在教学方法形式的设计上，教师应注意以下两点。

（一）教学形式要符合小学生心理特征

小学生喜欢直观的形象，教师就要多采取形象式的方法；小学生好新鲜，教师在教学中就要尽量出奇；小学生兴趣的持久性差，教师要勤改变教学形式。如解词是阅读教学中重点训练项目，若教师仅以词解词，或将词典的解释照本宣科念一遍，不仅不易于学生理解，而且枯燥无味。

（二）教学形式要注意不同年龄段的特点

小学分为低、中、高三个学段。教不同年级的学生，教师应采取不同的教学形式。假如教师不问青红皂白，试图一方医百病，只会弄巧成拙。像用奖励小红花来激励学生阅读的办法适用于低年级，硬将它用到高年级的课上来，学生是不会接受的。

第六章　新课程视角下小学语文写作课程的教学设计

写作课程在语文教育中具有举足轻重的作用和意义，小学语文写作教育是写作教育的基础阶段，老师应予以充分的重视。

第一节　小学语文写作教学的意义与目标

一、小学语文写作教学的意义

小学语文写作教学是小学语文教学的重要组成部分，它对于学生的语文能力和素质教育具有重要意义。

首先，写作教学能够在一定程度上促进学生书面表达能力的提高。每个人在生活、学习和工作中都需要书面表达能力和口头表达能力。相比于口头表达，书面表达更加简洁、严密、准确。培养学生的书面表达能力是写作教学的目标和任务。这种能力也将伴随学生终生，使其不断受益。其次，写作教学有利于学生健康个性的养成和发展。写作是表情达意的工具，具有自我教育的功能。要表达热爱生活的情感，就要留心观察事物的变化，敏锐地发现美的事物，留心观察生活，用心体验生活，感受生活的美，把自己对生活观察所得的"情""意"，用文字表达出来。什么该写，什么不能写，需要学生用审美能力进行判断。这种判断过程是学生的自我发现，能够表现学生的健康个性。所以，写作教学是培养学生健康个性的重要途径。最后，写作教学是培养学生创造思维、培育创造力的重要途径。写作教学培养学生写作能力，而写作能力需要以思维训练作为支撑。思维是想象和观察的基础，这种思维训练主要训练学生的创造性思维。使学生多角度、多方式地思考、探索问题，得出新的见解，这就培育了学生的创造力。因此写作教学也是培育学生创造力的重要途径。

二、小学语文写作教学的目标

（一）写作教学的总目标

"能具体明确、文从字顺地表述自己的意思。能根据日常生活的需要，运用常见的表达方式写作，发展书面语言运用能力"是《新课标》提出来的语文写作总目标。

总目标十分简明地阐述了小学阶段写作教学的最基本要求。与以往的小学语文教学大纲相比，《新课标》在总目标要求上有所降低，定位更加准确。首先，总目标符合小学生作文起步的学段特点。总目标将一、二年级作文定位为"写话"，将三到六年级作文定位为"习作"，名称的不同，意在突出小学写作教学的基础性及小学作文起步训练的特点。其次，总目标突出了最基本的写作能力要求，即在写作内容方面要求做到"具体明确"，在文字表达方面要求做到"文从字顺"，在表达技巧方面应突出根据表达需要运用"常见"的表达方式来写作。这样的表述向执教者明确说明了小学阶段是学生练习写作的起步阶段，不要对这一阶段的学生写作过分苛求。最后，总目标对作文要求的降低还有利于在初始阶段减轻学生对作文的惧怕心理，减少教师教学时的精神羁绊。

（二）写作教学的阶段目标

《新课标》中第一学段目标特别突出了小学生积极情感态度的培养，提出要让学生"对写话有兴趣"。尽管这只是低年级写作教学的隐性教学目标，但应该看到这关系到未来作文教学的成败和作文教学的成效。在对"写话"活动的认识上，《新课标》特别强调写的内容应主要围绕学生自己的观察和体悟、情感和感想，这样的要求有利于减少作文的神秘感，使学生自然而然地学习写作。

第二、第三学段与第一学段写作教学目标相比，第二、第三学段写作教学目标不同于第一学段的，它在第一学段的写作目标上有所提高，主要体现在以下几个方面。

①要求提高对写作活动的认识。从要求学生明白写作就是"写自己想说的话""写出自己对周围事物的认识和感想"到"懂得写作是为了自我表达和与人交流"。这样的要求使学生写作的主动性更强，使学生更加积极自觉地投入写作活动中。

②提高了作文素材搜集方面的要求。从第二学段的"留心周围事物"到第三学段的"养成留心观察周围事物的习惯，有意识地丰富自己的见闻，珍

视个人的独特感受,积累写作素材",可见《新课标》对学生搜集、储存素材等写作能力和习惯培养的高度重视。

③对小学生写作能力要求逐步提高。《新课标》第一学段写作目标对学生写话要求较低,仅要求学生能将学到的词语加以使用。第二学段写作目标希望学生达到的标准是能写下自己的见闻、感受和想象,写清楚自己觉得新奇有趣的或印象最深、最受感动的内容,并且可以使用简短的书信便条与人书面交际。第三学段的写作目标则是要求学生能够写出内容具体、感情真实的作文,在作文中根据需要进行分段表述并能够进行读书笔记和常见应用文写作。该学段的写作目标一方面提出了写作文体方面的要求,另一方面提出了写作技能方面的要求。不仅如此,在第二、第三学段,《新课标》对写作的数量和速度分别提出了十分明确的要求,要求中、高年级的学生"课内写作每学年16次左右",要求高年级学生"40分钟能完成不少于400字的写作",这些都体现出写作要求的提高。

④修改写作能力与习惯要求有所提高。《新课标》对学生修改作文能力和习惯的培养十分重视。第二学段的写作目标强调学生"学习修改写作中有明显错误的词句",学习正确使用冒号、引号等标点符号,第三学段的写作目标则进一步要求学生能够修改作文,语句要通顺,书写要规范整洁。

⑤提倡在写作过程中学生间的交流、合作与分享。由第一学段运用日常积累的词语写自己的话到第二学段与他人分享自己的作品和写作过程中的快乐,再到第三学段"主动与他人交换修改",三个学段写作目标的不同突出了学生写作过程中相互合作对写作行为的激励作用,突出了写作过程中学生学习方式的根本转变。

第二节 小学语文写作教学的过程设计

一、写作指导

写作指导对学生写好作文具有重要意义。学生处于学习写作的阶段,写作时会存在很多困难,教师通过恰当的指导,可以使学生明确作文的目的,即为什么写;可以使学生获得作文的材料,即写什么;可以使学生找到完篇的方法,即了解怎样写;可以使学生增强写作的信心,激发写作热情。

写作指导的要求是,首先,教师既要作内容上的指导,又要作形式上的指导。内容上的指导是教给学生如何确定题旨,选取材料;形式上的指导则是帮助学生确立结构,选择表现方法,锤炼语言。其次,教师既要作普遍指导，又要作个别指导。普遍指导是解决全班学生的共性问题，个别指导则是解决不同学生的个性问题。再次，教师既要集中指导，又要分散指导。集中指导是指作文教学课上的指导，分散指导则是指在平时阅读教学、口语交际、综合性学习和课外活动中对学生写作方面的指导。最后，教师既要对学生作文进行指导，又要使学生积极主动地进行创造。教师指导要适度、精要、得法，不要越俎代庖，束缚学生的创造性，要让学生的聪明才智得到充分发挥。

作文指导的一般步骤是，第一步，布置写作任务，交代训练目的和要求，激发写作热情。第二步，复习相关写作知识或提供范文。第三步，启发谈话，打开学生思路。

二、写作批改

在写作批改过程中，教师要检查写作的效果，通过作文与学生交流，了解学生的表达能力和思想内容，为学生提供指导和支持，从而为学生发展指明方向。因此，对于学生的写作，教师批改是必不可少的。一般的写作教学按照教师指导、学生写作、教师批改、教师评讲的顺序进行。以下是几种教师批改方法。

①特定批改法。《新课标》要求教师要联系课文和学生实际对学生某一方面写作技巧进行有意识地训练。

②分组批改法。学生完成写作后，教师将学生分成小组，按小组详细批改学生作文。

③部分批改法。在批改学生作文时，教师选择性地批改有问题的部分，其他部分不做处理。

④符号批改法。教师用批改符号将学生作文中的优缺点标注出来，不做文字修改。

⑤只批不改法。教师用批注注明修改意见后交给学生做相应的修改。

⑥当面批改法。教师面对学生当面批改作文，更便于学生及时理解批改意见。

⑦范例批改法。教师在课堂上以范例的方式当众批改几篇。教师既能通过此方法直接指导学生写作，又能够让学生参与作文批改中来。

批改作文是对学生写作的反馈，在这种反馈中，教师及时纠正学生在写作中存在的问题，从而使学生写作能力不断提高。除教师批改外，学生可自行修改或同学间相互修改。学生自改写作的方法如下。

①重读修改法。学生在修改时注意力不集中，修改往往效果不好，因此，教师应让学生在修改时出声朗读，以便于集中注意力，从而保证修改效果。

②浏览修改法。学生在成文后整体浏览文章，检查叙述顺序是否得当、故事情节是否完整等问题。

③细致修改法。学生整体浏览文章后要细致地检查文中是否有错别字、用词不当、病句以及标点符号使用是否符合规范等问题。

学生互改写作的方法主要借鉴学生自改的方法。在互改写作的过程中，学生除了帮助其他同学认真地修改其写作中的不妥之处外，更要借鉴别人的优点和长处，达到取长补短的作用。同时，互改作文有利于同学之间加强了解，有利于增进感情和合作。

三、写作讲评

写作讲评能提高学生写作水平。它是教师在批改学生的作文后对学生写作的再次指导。讲评应始终遵守正面讲评的原则，注意保护学生的积极性，培养学生鉴赏他人写作的能力，使学生善于在学习与比较中取长补短。

（一）鼓励学生，正面讲评

通过讲评，学生能够发现自己在作文中存在的问题和不足，及时查漏补缺，为以后写好作文打下基础。心理学研究发现学生的学习兴趣和学习信心是相互统一的。因此要提高学生的写作兴趣，教师就需要对学生予以肯定，教师可以从两个方面着手。一是教师应以发展的眼光去讲评学生的写作，尽可能挖掘写作中的闪光点，进行充分肯定，让每个学生都有成功的体验，从而树立信心，努力写作。对学生写作中新颖的题材，真切的描写，甚至写得较好的一段话、一句话乃至一个词，教师都应加以肯定，激发他们的写作欲望，提高他们的写作兴趣。教师批改写作时，一旦发现闪光点不妨就用"★"等符号进行表扬。讲评时，教师组织小组合作学习，让学生自豪地交流自己的得意之处，同时还要鼓励学生自己发现教师没有发现的闪光点，其他同学若能发现别的优秀之处更要大加赞赏；二是教师应在讲评中多指导、帮助学生。写作讲评其实是二次指导。学生在写作过程中存在不少问题，教师应有重点地安排写作训练，在指导过程中要顾及学生的学习信心，既要指出学生的不足，又要保证学生的积极性。

（二）相互交流，合作讲评

新课程改革重点突出合作学习，合作学习是提高学生课堂参与率、使交流渠道更加多样化的重要手段。学生之间相互合作和师生之间相互合作能使写作方面的交流更加直接高效。合作讲评有以下三种方式。

一是学生之间相互合作进行讲评。学生的认知能力受制于阅历和知识水平，而且他们对作文的评价能力有待提高。据此，教师可以组织学生在学习小组中传阅作文，互相阅读，互相评议。例如学生在合作讲评"假如我会克隆"的作文过程中，会发现自己写作的选材范围很狭窄，想象不够丰富，其中克隆的原因和克隆后的美好前景没有写具体。在发现缺点的同时，学生也会看到周围同学写作中显示的突出优点，在今后学习中会注意借鉴。在学生畅谈自己的见解基础上，教师应再选派代表作总结发言，主要就本小组同学写作作点评。优秀的学生作文在这种集体交流中得以展现，同学之间相互点评，优秀的修改意见也能得到展现。

二是师生合作讲评。美国教授格雷夫斯认为写作教学的基础是师生之间的正常磋商。教师在讲评过程中要以与学生平等的身份出现在课堂上，参与学生的讲评，可以产生与学生共鸣的教学效果。教师和学生可以持有不同观点，双方据此辩论，观点会越辩越明。这种方法能使师生间的交流更加深入，从而达到更好的讲评效果。

三是创新活动，采取开放讲评。传统讲评课一般由教师主要根据本次学生写作中存在的普遍问题，确立一个主题进行讲评。这样的讲评没有学生个性化的创造活动，比较单调、乏味——有些内容或许与学生自己的写作没有什么关系，自然引发不了学习的兴趣。鉴于此，教师可以营造自由、欢乐的讲评氛围，建立平等、民主、融洽的师生关系，从各个角度、不同层面、以不同形式进行讲评，让学生的想象力、创造力、表现力在写作中竞相迸发。学生可精读自己或他人的作文，根据写作的特点抓住一个或几个突出的方面来讲评。教师组织讲评时，可以先让学生讨论讲评的方法，然后让学生在自我摸索中突显讲评的重点，一般一篇作文可以从选材、立意、构思、语言表达等方面来讲评，也可以就整篇文章、一段文字、一句话、一个词进行讲评，要欣赏、表扬，也要批评、指正，尽量突出写作的创造个性与自己的独到见解。讲评时，教师可以采取丰富多彩的形式，可以放手各小组组内组织讲评，也可以搞活动做游戏，在有趣的活动中讲评写作的优点与不足。例如三年级第二单元的作文要求写同学外貌，朗读作文时不妨隐去同学名字，玩一玩"猜猜他（她）是谁"的游戏。讲评过程中，教师还可以让学生民主推荐优秀作文，供全班同学欣赏。

第三节 基于言语内容的小学语文写作教学设计

一、写作的言语内容的内涵及其与形式的关系

（一）写作的言语内容的内涵

言语内容是指词、句、段、篇等言语单位所传达的意义。它和言语形式是一组相对的概念。言语内容通常被称为言语的"意"，言语形式通常被称为言语的"言"。"言意转换是一切言语实践的本质所在。"写作的言语内容其实就是指写作结果——语篇（包括词、句、段、篇、书籍等各级写作结果）的内容，也就是语篇的意义层。言语内容是一个有机的整体。比如说，一个段落有 10 个句子，其意义层不是 10 个句子意义的机械相加，而是 10 个句子在特定的上下文整体语境中组织成的一个连贯完整的意义整体。更通俗地说，言语内容就是指"写了什么"，它通常包含人们所说的写作话题、范围、内容、主题、观点、思想、意义等。

（二）写作的言语内容与形式的关系

人们在写作时，总是先有需要表现的内容，然后才会考虑为表现这样的内容需要什么样的言语形式。从这个意义上说，内容先于形式，内容决定形式，形式为内容服务。刘勰在《文心雕龙》中说："心生而言立，言立而文明，自然之道也……故形立则章成矣，声发则文生矣。"以此说明内容先于形式而存在的道理。刘勰在《情采》中这样论述文章所表达的思想情感与文采的关系："故情者，文之经，辞者，理之纬；经正而后纬成，理定而后辞畅，此立文之本原也。"这段话中两个"而后"也强调内容先于形式而存在的道理，认为文章是先有情感而后流淌成文章。他还用"立文之本原"强调了内容的表达是写作中决定性的因素。

在写作中，内容是决定性因素，但这并不意味着内容比形式更重要，正如前面提及，写作内容很重要，是因为旦凡写作总是先有要表现的内容，而后人们才会去寻找相宜的形式，就像先要有水，而后才能寻找装水的器皿。

二、基于言语内容的写作教学

基于言语内容的写作教学可以分为课内和课外两大板块。课外板块的作用主要是促进学生写作素材的积累，并在学生积累写作素材的同时，培养学生的语感和写作兴趣。课内板块的作用主要是在写作过程中唤起、激发学生的写作积累，使学生有内容可写。

（一）基于言语内容的课外写作教学

对于写作教学来说，课外的"写"是"养"，课内的"写"是"教"，七分靠"养"，三分靠"教"。因此，教师应当要促进学生在课外长期自主地写，帮助学生维持写作兴趣，发展写作能力。

在学生积累写作素材的过程中，教师是不可或缺的推手。一名成熟的小学语文教师，要细心留意学生写作中所使用的有新鲜感的词句，并且及时予以表扬，把学生偶尔心血来潮的新词使用变成一种习惯与爱好。

在写作积累方面，教师普遍的做法是让学生写日记、周记、随笔，或者让学生写读书笔记、读后感、读书卡片、读书小报等。毫无疑问，上述的写作活动的确是促兴趣、增积累的有效方法。但是，再好的方法如果变成枯燥而单调的硬性任务，则有可能激起学生的逆反心理，学生在写作中就难免有敷衍塞责的行为。以读书笔记为例，不少教师会设计读书笔记的模板，包括"内容复述""好词好句摘抄""我的感想""联系自己"等栏目，其初衷是好的，但是，学生却未必买账。在这里，要提醒教师的是，比写作积累的结果更为重要的，是教师要千方百计去了解学生写作的过程以及背后的情感态度与价值观，因为后者是促使学生长期自主学习的主要因素。所以，教师不妨用几道阅读题代替读书笔记，去了解学生的阅读情况。

很多学生怕写周记，原因在于其写作动机低，找不到写作的触发点。而教师通常只看到日记类写作随心所欲的一面，却看不到自由的另一面是选择的艰难，学生往往为不知道写什么而苦恼，而教师却奇怪的是，学生爱写什么就写，为什么还会无话可说呢？

其实，对于课外的写作积累，教师不能仅是命令、监督、检查，而应该在写作积累的形式与内容上积极创新，通过创设一定的活动，激发学生的写作动机，解决学生不知道写什么的苦恼。

（二）基于言语内容的课内写作教学

许多教师会有一种错误的推测，认为学生如果写他们自己喜欢和熟悉的东西，写作内容自然会丰富多彩。所以他们很难理解，为对于"暑假的一天""我最爱的一个人"之类的题目，学生还是会陷入无话可说的困境。其实，学生哪怕是写自己喜欢和熟悉的内容，也存在内容搜索和内容取舍之难，需要教师及时施以援手。

针对学生在写前所遭遇的内容搜索和内容取舍的困难，常见的解决方法有以下几种。

1. 写前画思维训练图

对于小学生来说，利用形象的思维训练图来激发写作灵感，找到并选择合适的写作内容，可能更具操作价值。思维导图的画法一般分三步。

①在纸的中央写下题目、给题目画一个圈。

②想出与该题目相关的主要方面，把它们写在题目的周围，分别用线将它们与题目连接上，形成"树"的主要"枝杈"。

③想出与各个主要"枝杈"相关的内容（具体观点、细节、实例等），把它们分别写在各主要"枝杈"的周围，再用线将它们与这些"枝杈"连接上，形成长在主要"枝杈上"的更细小的"枝杈"。

根据不同类型的写作可以绘制出不同类型的思维训练图，突出该类型写作的一些基本要素。比如，针对叙事类的作文，教师可以教给学生最基本的构思簇形图。

还有一种图形，叫魔法六面体，教师可以借助魔方的六面立体结构，帮助学生从不同的角度、侧面去认识、探索写作的题目，开阔思路，搜索更多有用的写作素材。其中，魔方的六个面分别代表内容探寻的一个视角。

2. 教师给予构思示范

构思示范有两种基本的方式：一是教师在学生写前通过口头作文，大声地说出自己构思的步骤以及内容的选择与安排，让学生看到教师本人的写作过程与结果；二是在学生写前或写后，教师与学生分享优秀作文。

构思示范是一种非常不错的写作教学方法，尤其适用于小学阶段。构思示范让学生看到教师构思、起草、写作、修改的全过程，这种教学方法在写作言语内容的搜索与处理上，对于小学生来说非常必要。它不仅为学生提供言语内容检索与处理的技巧，而且有效地减轻了学生写作的心理负担，激发他们表达的欲望。

3. 游戏

游戏在小学阶段具有特殊的价值。莎士比亚说，游戏是小孩子的写作。鲁迅说，游戏是儿童最正当的行为，玩具是儿童的天使。在小学阶段，学生的好奇心特别强，但他们的注意力却很难长时间维持，而游戏既能有效地激发学生的好奇心与求知欲，同时，还能维持学生的注意力和兴趣。在写作教学中，教师应当认真设计游戏活动，寓教于乐，让学生在快乐的游戏中轻松地解决"写什么"或"怎么写"的苦恼。

国外有个很有名的造句游戏叫"大字标题"游戏：第一个人写下有关一个人的描写，如"声名狼藉的"，再折上纸，传给第二个人，第二个人写上某一类人，如"水管工"，再折上传给第三个人，第三个人写一个及物动词，如"隐藏"，第四个人写动词的受动者，如"教授"，第五个人写地点，如"冰箱"，这样的传递最后就得到一句话"声名狼藉的水管工把教授藏在冰箱里"。小学语文教师可以借鉴这类游戏，将其用在小学低段的句式训练中。

另外，给词想象作文的游戏，学生也很喜欢。教师任意给出3到5个词语，如"谎言、土地、漫画、手机"，让学生编一个故事，如果学生不喜欢写长的故事，教师还可利用学生的逆反心理，故意限定字数，不让他们多写；或者故意"逼迫"学生不停地写，不许停下笔，有时会有意想不到的收获。

在炼字上，除了传统的填充法，教师还可以尝试诗歌复原法，这种方法类似文字的拼图游戏。诗歌复原法的具体做法是，教师把一首绝句或律诗拆散，所有的字可以按部首或者拼音排成一列，然后请学生复原。故事接龙也是很有意思的一个游戏。在想象作文中，值得一试。

第四节 基于言语形式的小学语文写作教学设计

一、写作的言语形式的内涵

如果说写作的言语内容回答的是"写什么"的问题，那么，写作的言语形式回答的则是"怎么写"的问题。言语形式包括字词的选择与修辞，也包括句子与段落的组织，还包括写作的结构、组织与内在的思路、逻辑，当然包括不同文体、语体的基本规范等。

在写作中，相同的内容可以用不同的言语形式来表达，就如一段音乐可以用不同的乐器演奏一样。比如，学生向老师请假的形式，可以写一封言辞恳切的信，也可以写一张简单的请假条，还可以通过现代通信方式，发一条图配文的微信给老师；反过来，同样的言语形式又可以表现不同的内容，就如同一件乐器，也可以演奏不同的曲调一样。比如，诗歌形式可以表现哲理、政治、情感、历史等的内容。言语形式与言语内容对于写作来说同样重要，言语形式的优劣好坏直接影响到内容的表达和写作目的的达成情况。

二、基于言语形式的写作教学

（一）语言训练

语言是写作的基本单位。无论何种形式的写作，都需要作者讲究语言艺术和技巧。一个人语言能力的提高和语感的获得是一个非常复杂的过程，需要长期的历练和有效的指导。

小学阶段是儿童语言发展的重要阶段，是儿童语言由习得向学得转变、由口头语言发展向口头语言和书面语言共同发展转变的时期。学生在这一时期开始学习用书面语言表达自己的发现与想法，教师要帮助学生积累词汇、发展语感、锤炼语言，使学生在写作上建立自信、不断成长。

小学生的思维处于经验形象思维和经验抽象思维阶段。小学低段和中段的学生以经验形象思维为主，故句子的训练侧重于写具体的事物。所谓写具体的事物，一方面是指让学生写他们自己体验到的、具体形象的事物，比如，可口的食物、有趣的活动、美丽的风景等；另一方面，写具体的事物是指让学生尽量用名词、动词、形容词等修饰语写出自己感觉到的细节，比如，"我看到一个人"显然不够具体，"我在天桥上看到一个乞丐，头发花白，上身赤裸，趴在冰冷的地上，不断地向行人叩头，……"就写得比较具体，而这种具体主要借助于对听觉、视觉、触觉等各种感觉的描写而表现的。到了小学高段，学生从经验形象思维向经验抽象思维过渡，这时候，句子的训练可侧重于写抽象的事物。所谓写抽象的事物，是让学生对具体可感的经验进行抽象概括。其中，句子的概括是比较典型的一种方式。小学语文教师在写作教学中常开展以下几个方面的训练。

1. 简单句子的训练和复杂句子的训练

句子的简单与复杂主要体现在语言层次上。语言层次多，句子就比较复杂，反之则比较简单。小学低段侧重于简单句子的训练，中、高段侧重于复杂句子的训练。训练的主要方法有两种："一是利用扩展的句子成分，二是组织从属句网。前者是利用叠加附加成分的办法组成长句，后者是组成关系比较复杂的多重复句或句群。"

复杂的句子由于语言层次多，对于逻辑性和条理性有较高要求，这类句子的训练有助于提高学生的思维的严密性，提高学生驾驭语言的能力。

2. 修辞技巧的训练

语言能力强的表现之一就是善用修辞。所以，必要的修辞技巧的训练有助于增强写作的表达效果。修辞技巧的训练大部分是随文而教，课文中若有比喻句，教师应让学生仿写比喻句；课文中若有拟人句，教师应让学生仿写拟人句。这是小学语言训练尤其是低段写话造句训练常用的模式。这种教法优点是读写结合，模仿起步，教起来方便，写起来也容易；缺点是容易重复，碎片化的练习不容易形成积累。因此，修辞技巧的训练不妨分两步来进行：一是分散教学，随文而练；二是集中教学，围绕某项修辞技巧进行专题式训练。关于后者，笔者建议参阅浙江省语文特级教师郭初阳的一堂课《比喻》，郭初阳教师的"比喻"教学,不仅仅是修辞技巧的简单模仿,其中有精致的展示、文学性的唤醒,也有想象力、创造力的激发。这堂课提醒教师,在修辞技巧的训练上,教师有时候需要突破零敲碎打的思维定式,像设计阅读课一样去设计语言训练课。

3. 语言的层级训练

规范、连贯、得体通常代表着语言表达的三个层级。

规范是最基本的要求,意味着要书写规范、语法正确、标点符号运用正确,表意清楚。

连贯一般表现为通顺流畅。但是,什么是连贯、什么是通顺流畅却没有绝对的客观标准,因此,对语言连贯性的训练一般需要完全依赖教师本人的语感。就这点而言,语言连贯训练似乎更适合于写作的修改阶段,教师应凭自己的语感揪出学生写作中不连贯的语言,让学生反复修改。

得体是语言表达的较高要求,它不仅指语言要规范、连贯,而且指语言要符合交际语境的要求,较好地实现交际意图,达到情意的交融。进一步说,所谓得体,是指语言表达适合对象(读者)、符合写作目的、符合作者身份、符合文体或语体的基本规范。所以,得体的要求也是一种综合性的要求,对得体的评判也要依赖教师的语感。

小学写作教学要循序渐进,教师应依次训练学生写规范的句子,写通顺连贯的句子,写得体的句子。在这之上,对于部分语感较强的学生,还可训练他们写富有个性与表现力的句子。

4. 造句练习

造句练习主要有填充、联句、重组、借词造句、借图造句、续写、扩写、仿写及句式练习等。

除了上述内容外,小学语文教师在课堂上开展的语言训练还包括炼字、句子排序、句子串联等,这类训练基本上以句子为单位进行练习。

(二)段落练习

段落练习在西方一些国家贯串整个中小学,并不像我国仅限于小学。段落练习可分为以下几种类型:解释性语段(是什么)练习,例如,写一段话,解释一下什么是"吃亏";分析性语段(为什么)练习,例如,为什么有些老师深受学生喜爱,而有些老师却让学生反感?围绕这个问题写一段分析性的话;评价性语段(怎么样)练习,例如,针对你近期看过的一本书或一部电影,写一段评价的话;建议性语段(怎么做)练习,例如,有些同学犯了拖延症,作业总是拖到很晚才做,怎么办?请你写一段建议性的话。

1. 中心句写作

该类练习又可分为两种形式：

一种是根据段落写中心句，另一种是根据中心句写段落。例如，以"我喜欢/不喜欢上学"为中心句，写一段话。学生可任选自己作文中的一句话，扩句成段。

2. 段落一致性、连贯性训练

段落的一致性是指段落之间的一致程度，在段落一致性训练上，教师可以给学生呈现几段文字，让学生找出在表达内容上与其他不一致的段落；段落的连贯性是指段落的衔接与呼应。在段落连贯性训练上，教师可以提供两个段落，让学生写衔接语，或者提供一个段落及其衔接语，让学生补出第二段落。

3. 段落展开与组织技巧

对于段落的中心句可以有四种处理方式：将中心句在段首、段尾、段落中间或者隐而不写。作者可以并列扩展段落，形成横向结构，也可以层层深入，形成纵向结构。

（三）文体训练

在小学阶段，重点训练的文体是简单的记叙文、想象作文以及部分应用文。

在文体训练上，目前教学上存在不足，所提供的知识一般都大而无用，不具有可操作性。比如，教师教记叙文，必要求"记叙要生动、描写要具体""记叙要注意时间顺序""记叙可以和议论、抒情相结合"等；教师教想象作文，必要求"想象要合理""想象要大胆""想象要有意义"等。要有效地解决学生写作的困难，知识教学尤其是文体知识教学必须突出以下三点。

1. 细化文体分类

比如，记叙文是一个集合的概念，教师教记叙文，最好能确定该集合体中某个真实具体的文体，如童话、寓言、小说、故事以及个人叙事散文。不同的文体，所教的记叙知识是有差别的，而恰恰是有差别的记叙知识对学生来说是有指导价值的。比如，对于写童话，前面提及的记叙文的一般知识就不太管用，而有用的是这些知识：童话是虚构的；童话常用拟人、夸张、象征手法；童话中要有故事的基本元素，如人物、行动、冲突、结果等。

2. 创设语境

教师最好能将文体训练和创设语境的真实写作结合起来。

创设语境可以使写作拥有真实的读者、真实的任务，可以激发写作的动机。比如，针对描写训练，教师可以这样设计：家长会快要到了，请你写一段话描写你的爸爸或者妈妈，让老师看了你的描写后，能在家长会上一眼认出他们。在随后的讲评课上，教师可以先通过 PPT，以一组五张照片的方式展示家长照片，再展示学生写作，让全班学生根据描写认人，最后点评学生描写成功或失败的具体原因，并顺势引入描写技巧的点拨。

只有在语境写作中，在真实的任务驱动下，在写作尝试后，学生才能对写作技巧与知识产生真切的需求，而这种真切的需求又能促进知识的有效吸收与利用。

3. 清晰的知识指导

在文体教学中，教师应当将文体的具体要求列成清晰的知识清单，并在教学中通过举例、修改、绘图等各种方式反反复复地强调。

第五节　小学语文写作过程指导应注意的问题

一、作文教学与人的教育并重

提高学生思想素质有多种渠道，其中作文教学是一种重要渠道。在作文教学中，既要重视学生作文能力的提高，又要重视学生思想素质的培养，从而实现作文教育与人的教育的目标。

学生的表达能力和认识能力可以通过作文表现出来。此外，作文还是学生思想意识的反应。小学是形成人生态度的关键阶段，教师不可疏忽大意，应在教育教学中密切注意学生的思想意识，防微杜渐。在作文批改中，教师要大力肯定学生积极向上的思想，使学生保持奋发向上的精神面貌。反之，对于学生作文中出现的消极堕落的内容，教师要加以引导，使之走上正轨。

除了要关注学生在作文中表达的思想内容外，教师还需要注意学生的语言表达。教师要在作文中培养学生不撒谎、不说空话与套话的良好品格。教师不仅仅要在作文中这样要求学生，在学习和生活中也要这样要求学生。

二、重点培养两种能力

两种能力即语言文字的表达能力和认识事物的能力。在作文中学生将对事物的认识通过语言文字表达出来。仅有良好的语言表达能力并不能写出好的作文，要写出优秀的作文，学生对事物还要有自己独到的见解。两种能力并重，协同发展才能保证作文能力的提高。

这两种能力是相辅相成的，语言文字表达能力和认识事物能力互为依托。学生如果没有语言文字表达能力，对事物的认识将无从体现；如果没有认识事物的能力，则会使写作内容空洞，言之无物。

这两种能力的培养应贯穿于整个小学阶段的写作教学的始末。

三、指导作文具体内容

文章的内容和形式是辩证统一的，内容和形式相互影响。长期以来，作文教学中存在着重形式、轻内容的倾向，这是造成学生怕写作文和作文能力不高的重要原因。我国早在 1992 年颁布的《九年义务教育全日制小学语文教学大纲（试用）》中就提出："指导学生作文，要从内容入手。"《新课标》又进一步指出，要让学生"能不拘形式地写下自己的见闻、感受和想象"。这些文件规定，对教师正确地处理内容和形式的关系，克服作文教学中重形式、轻内容的倾向有现实的指导意义。要做到指导学生作文从内容入手，教师必须重视以下三个方面。

一是实虚并举，使学生有丰富的内容可写。作文的内容来源于生活。小学生的世界分为现实世界和想象世界。教师要让学生写自己的见闻和想象。写见闻就是写耳闻目睹的实实在在的事物，这是写实；写想象就是写并非现实存在的想象和幻想的内容，这是写虚。写实和写虚并举，充分考虑了学生经验世界和想象世界的实际，不仅能使学生有丰富多彩、新鲜奇特的内容可写，而且能使学生的观察思维能力、想象力和创造力得到充分的发挥。

二是改进作文的命题、指导、批改和讲评。教师应让学生写自己想写的内容。长期以来，作文教学中对学生的限制较多，导致学生想写的不能写，不想写的必须写。《新课标》总的精神就是要放手让学生自由表达，让他们无拘无束地写自己想写的内容。

三是降低在表达形式方面的要求。文章的形式是指它的结构、语言、体裁等，《新课标》对小学生的写作结构、体裁等都不做要求，只要求学生把语句写通顺，把要表达的意思说清楚，说明白。根据这样的要求，学生作文时主要考虑的就是想要告诉别人什么，怎样使别人明白自己的意思，真正做到不拘形式地自由表达。

四、写作训练应遵循一定的顺序

（一）从说到写

说和写同为语言表达形式，一种是口头表达，一种是书面表达。小学生写作训练要按照从说到写的顺序进行。首先，这是由语言发展过程决定的，一般情况下，人是先学会口头表达，后学会书面表达的，并且这两种表达方式相互影响。小学低年级学生的口头语言虽然已有一定的基础，但要连贯地、有条理地表达，使口头语言变为书面语言，还要经过严格的从说到写的训练。其次，从思维与语言的关系来看，语言是思维的直接体现。叶圣陶先生说："思想不能空无依傍，思想依傍语言，思想是脑子里在说——说那不出声的话。如果说出来，就是语言，如果写出来，就是文字。朦胧的思想是零零碎碎、不成片段的语言，清明的思想是有条有理、组织完密的语言。"所以，先说后写是对素材和思路的梳理。将口头语言用文字写下来，使其成为书面语言，是对素材的第二次加工。为了"说"好，先得让学生"想"好；为了"写"好，又要先使学生"说"好。"说"可以检查学生思考的结果，起到组织语言的作用；同时又促进学生思考，有利于书面语言的发展。

（二）从述到作

学生把自己阅读的或别人讲述的内容说出来或写出来，这就是"述"。而"作"指的是学生自己去观察生活、收集素材、确定中心、选择材料，通过独立思考来进行表达。"作"相较于"述"，更具有创造性。小学生写作的从述到作，符合由易到难、循序渐进的教学原则，体现了由"扶"到"放"的思想。因为"述"的训练是由教师提供材料，让学生来写，相对来说，较为容易一些，是"扶"的训练。"述"的训练，可以为学生的"作"打下较为扎实的基础。

（三）从仿到创

"仿"就是模仿。书法训练上有临摹字帖，科学上有仿生学，所以，仿写也是小学生写作训练的有效途径。但仿写不是抄袭，对于如何仿写，教师要注意正确指导，使"仿"能真正起到应有的作用。比如，仿可以着眼于内容的生发，可以着力于写法的借鉴，也可以吸收一些妙辞佳句等等。

五、作文训练与其他训练结合

教师将学生的作文训练与听、说、阅读训练相结合，能够全面提高学生能力。

在低年级作文教学中，教师往往采取从说到写的教学方式，教师在这个过程中要掌握好说和写的占比情况，应根据学生能力不同有所侧重。教师在作文讲评过程中可将作文训练与听、说训练结合，师生共同讲评作文，在讲评中提高学生的听、说能力。

阅读训练与作文训练的关系更为紧密，在阅读训练中，教师可指导学生积累素材和表达方式以及观察事物的方法，然后引导学生将在阅读训练中获得的知识和经验运用到自己的作文中。

第六节　小学语文写作课程理论概述

一、国内的写作课程理论

新中国成立后，我国曾编写过几种小学语文教材，从写作教学的角度来看，这些教材各有特点，但都存在着编排上的不足。从 1978 年起，全国各地对小学作文的重视程度有所提高，从而产生了以下几种较有影响力的作文教学理论。

（一）作文分步训练

作文训练模式是由中央教育科学研究所的张田若提出的，他将作文训练的具体操作步骤概括为口语训练、写话训练和作文训练三步。

山东烟台的李昌斌、马兆铭等指出这种训练方法存在阶段性不明确和特殊性不明确的问题。他们认为作文分步训练的具体操作步骤应分为口语训练、写话训练、片段训练和作文训练四步。

（二）作文素描训练

所谓"素描训练"，是指通过白描的手法用片段的形式完成记叙文的训练。首先提出这一训练模式的是上海市的吴立岗和贾志敏老师。

从 1979 年起，上海的部分学校首先进行了素描教学的试验，后来，我国将这个训练模式推广到全国的其他省市。1984 年，吴立岗指出写作能力是由语言文字知识技能、智力活动和思想内容等部分组成的，这些部分要有自己的训练系统，同时这些系统之间存在关联性，教师要合理安排这几个系统，进而确定作文训练结构。

（三）作文分格训练

"写作分格教学法"最早由常青提出，1980 年下半年，东北农垦总局语文教育学会在"写作分格教学法"的基础上编写了《中小学作文分格训练》，将这种训练方法推广到许多地区。这种训练方法认为事物是按一定规律形成的复杂整体，因此可按规律将其分解，作文训练也可按此进行分解。分格训练的最小训练单位是"格"。作文训练中的表达方式、思想内容、观察事物的能力等问题都可以分解成"格"。比如，将描写分解成具体的"格"，描写训练可以用图表表示，如表 6-1 所示。

表 6-1 描写训练表

格名	说明	例句
颜色白描	只写出各种物体颜色，不加形容	白色的羊群，绿绿的草地
形色合写	既写颜色，又写形状	弯弯的月亮悬挂在深蓝色的夜空
动色合写	既写颜色，又写动作	小草偷偷地从土里钻出来，嫩嫩的，绿绿的惹人喜爱
声色合写	既写颜色，又写声音	一刀下去，只听"喀嚓"一声，碧绿的西瓜露出鲜红的瓤

（四）情境作文训练

江苏语文特级教师李吉林在继承我国语文教学的历史经验，借鉴国外的先进经验的基础上，在自己长期的教学实践过程中创造出此方法。这种作文训练大致可分为四个阶段：首先，创设情境，进行语言训练；其次，观察情境，提供作文题材；再次，运用情境，进行审美教育；最后，凭借情境，促进整体发展。可以说，情境作文训练为小学写作教学又提供了一条崭新的道路。

二、国外写作教学指导模式介绍

近年来，世界许多国家的学者对作文指导模式进行了深入探索，他们以多种写作教学理论为依据探索出具有代表性的写作途径和方法。目前，这些观点和思想必定会给我国小学写作教学研究与实践带来一定的帮助，定会给我国小学语文教师以有益的启示。下面简要介绍几种国外较具代表性的作文教学指导模式。

（一）观察指导模式

观察指导模式的核心是发展学生的观察能力，通过发展学生的观察能力确保学生作文整体水平的提高。这种观念在许多国家中得到了认同。

观察指导模式的代表人物苏霍姆林斯基指出传统的写作教学的弊病是语言和思维相脱离，即"学生日复一日、年复一年地重复着别人的思想，却没有表达自己的思想"。他们所写的，"是一些硬挤出来的、笨拙的、背诵下来的句子和词组，对于它们的意思，连儿童本人也是模糊不清的。"他不主张让学生写记忆性作文，他主张让学生写观察作文。他指出，学生观察实物时会产生鲜明的表象和写作的激情。观察作文可以产生科学的语文教学的"三根支柱"，即"鲜明的思想""活生生的语言"和"创造精神"。

使学生的形象思维、抽象思维和创造性思维在观察作文中得到发展，是苏霍姆林斯基作文设计的精华所在。

（二）日常生活指导模式

日常生活指导模式也叫作"生活作文"，这种模式将生活世界作为对象来讨论作品内容的中心，培养学生语言能力，从而完善学生人格。这种指导模式源于日本，在明治维新时期诞生后经过大正时期逐步发展。日本北部地区在 20 世纪 30 年代大面积开展了日常生活指导模式，从而使这种指导模式在作文教学中的地位逐步加强。

（三）文学指导模式

这种模式将写作视为直觉的过程，而直觉是不能教的，只能通过外部手段促进或刺激。作文教学中，教师要使用恰当的方法刺激学生，使学生学会使用语言表达所思所感。文学指导模式认为教师对学生的作文指导可能破坏学生思路，甚至会使学生丧失个人的思想。

"头脑风暴"和"自由式写作"是文学指导模式常见的训练方式。"头脑风暴"又被称为"思维风暴"，主要是指刺激和引导学生探索写作内容及内容的多样性。"自由式写作"认为写作可以成为自我发现的手段。它要求学生用语言将思想表达出来，教师不应在文法、词语、句式等方面提出具体的要求。

第七章 新课程视角下小学语文综合性学习课程的教学设计

我国在 2001 年教育部颁布的《全日制义务教育语文课程标准（实验稿）》中首次提出了"综合性学习"。此后正式将之列入语文教学课程。小学语文综合性学习的领域比较特殊，它的内容目标也相对没有那么单一。一般而言，小学语文综合性学习全面体现了学生的阅读、口语交际等方面的综合素质，充分体现了小学语文课程与其他课程之间的联系，并且强调书本知识要密切联系小学生的生活实践。

第一节 小学语文综合性学习教学的意义与目标

一、小学语文综合性学习的特点

（一）学科性

语文综合性学习虽然包括自然、社会等内容，然而它姓"语"，其目的是使得学生的语文素养得到全面提高，而不是让学生对其他学科和领域的知识加以掌握。比如，让学生进行以"花卉与古诗"为主题的语文综合性学习，虽然需要学生对那些描写花卉的诗句进行搜集和理解，或者让学生在观察花卉的同时创作关于花卉的新诗句，然而这次综合性学习的目的主要是使学生明白语文和生活之间的联系，并不是使学生学习花卉的相关知识，从而才能够使得学生的阅读理解和表达能力得到培养。

（二）综合性

小学语文综合性学习的"综合性"体现在以下三个方面。第一，学习空间。小学语文综合性学习要有机整合课内与课外学习。第二，学习内容。小学语文综合性学习要综合语文课程内容与自然、社会、人文领域的相关内容。第三，学习方式。小学语文综合性学习要综合多种学习方式，包括实践性学习、研究性学习、合作性学习、体验性学习等。

（三）实践性

语文综合性学习能够在一定程度上使得学生的语文实践能力得到培养。从实践的角度出发，不仅要求学生对课内外的相关书籍进行认真阅读，而且要求学生深入实践中去更好地学习语文，从而能够使学生运用语文知识解决实际问题的能力得到培养。

除此之外，从实践的方式来看，按照实际情况和学习内容，学生能够对各种各样的学习方式进行自由选择，既可以是自主探究，又可以是合作交流。从实践的手段来看，学生既可以深入实践中进行调查和考察，又可以利用现代信息技术进入网络的虚拟世界。

（四）开放性

一般来讲，语文综合性学习主要包括以下三个方面的内容：第一，提倡结合其他课程进行跨领域学习；第二，利用学校、家庭、社区等教育资源，增加学生的语文实践机会；第三，拓宽学生的学习空间。综合性学习不管是在内容、时间上，还是在空间、组织形式、指导方式上，都具有开放性特征。综合性学习不仅仅局限于40分钟的课堂时间，而是按照学科内容灵活地对学习的时间和空间加以安排。从时间分配的角度来看，不仅能够按照单元内容来安排，而且可以按照课时内容来安排，比较灵活；从空间组织的角度来看，它不仅局限于课堂，而且可以扩展到课外的活动。

（五）主体性

综合性学习应该在师生平等对话的过程中开展。它要求教师积极参与设计和指导，更多地关注学生的兴趣需求，鼓励学生积极参与，从而使他们能够找到属于自己的学习方式。

（六）合作性

综合性学习强调在具体的实施过程中教师与学生、学生与学生、教师与教师以及校内外的相互合作，通过合作的这种方式才能进行复杂系统的学习活动。

（七）统整性

所谓统整，是指相关意义的综合。对于综合性学习的统整性而言，它不仅包括学生发展的统整性与和谐性，而且包括不同学习内容与方法的交叉、渗透与整合。

二、小学语文综合性学习教学的意义

《新课标》以综合性学习为语文学习的重要组成部分，这与 21 世纪教育改革发展趋势相符合，不仅有积极的现实意义，而且还具有深远的历史意义。综合性学习教学，为学生进行开放性学习提供了条件，与此同时，也为学生提供多渠道、多层次的学习和实践机会，并且不再和过去一样单纯地依赖教师传授理论知识，从而使得培养出来的人才具有较高的素养和较强的实践能力。

（一）有利于生成与发展学生个性

正是因为语文综合性学习观点的提出，所以才使得语文教学具有了一个新特点——生成性。综合性学习不同于"大一统"的课堂教学，综合性学习不仅涉及了比较广泛的范围，而且具有多种多样的形式，尤其是提倡学生可以对综合性学习的内容进行自由选择，自主对活动方案加以设计，从而能够更好地发挥学生的创造性并且凸显学生的个性。

从《新课标》的角度出发，相比于整体目标，综合性学习的教学目标更灵活、有弹性，不仅具有导向性，而且还具有延展性；综合性学习的学段教学目标是可行且多变的；综合性学习的教学目标适当放宽了对学生群体或个体的要求。由此可见，综合性学习提供给了学生实现理想的广阔空间。在综合性活动中，学生能够按照自己的探究需求，及时改变原有思路，在新目标的指引之下不断进行探索和推进，从而能够收获良好的学习效果。

随着综合性活动的进行，综合性学习教学不仅可以不断创建新的目标，而且还能不断产生新的主题。与此同时，这不仅使得学生的学习兴趣得到了极大的激发，而且也使学生始终保持着高涨的情绪，不断深化了学生的认识和经验，使其迸发出创新的火花。活动目标的可变性充分体现了综合性学习生成性的特点，不仅有助于学生进行探索和研究，而且有助于促进和深化学习活动，有助于展示学生的个性和创新能力。

综合性学习教学充分尊重学生的意愿和发挥学生的主体作用，学生能够按照自己的兴趣爱好主动选择活动的主题，因此产生了巨大的推动力，将"要我学"转变成"我要学"，充分发挥了学生的潜能，同时充分施展了学生的个性特长，并且充分发展了不同层次学生的智力因素，迅速提高了学生解决问题和处理信息的能力。综合性学习教学活动不仅能够开发学生的多元智力，而且能够使学生更好地掌握多种学习方法，从而为学生的终身学习打下坚实的基础。

当然，教师也有必要对综合性学习教学进行总体规划，然而这种规划并不是要对学生学习语文的生成性进行抑制，而是使学生能够有一个更清晰和更有效的方向。

（二）有利于提高教师的综合素质

由于我国目前正处于信息时代，知识更新的速度也在日益加快，所以语文综合性学习，涉及了广泛的领域，容纳了更多的信息，除此之外，也对语文教师提出了越来越高的要求。在这一现状之下，小学语文教师必然会感到压力增大，由此可见，要想提高自身的专业素质，小学语文教师就必须做好以下几个方面。

第一，加强教育理论的学习和研究，树立正确的教师观、学生观和质量观，转变教育观念和教学角色。教师在综合性学习教学的过程中，不仅要充分发挥其指导作用，而且要与学生进行平等交流，耐心倾听学生的意见，另外，还要虚心学习，在开展的教学实践活动过程之中，不断使自己得到充实和提高。

第二，对各种类型的知识都要有所涉猎，不断拓宽知识面，深入生活实践中进行调查研究，从而获取大量一手资料和个人体验，最终能够更好地提高学生进行综合性学习的积极性。

第三，加强研究综合性学习的指导方法。教师应通过理论研究与实践探索的紧密结合，能够更好地掌握自己的地位和作用、指导方法和要求等，从而能够不断促进自身指导能力和工作效率的提升。

第四，培养高雅的生活品位与审美情趣，形成良好的生活和学习习惯，具有团结协作的精神，培养独立思考、不断探索的能力。此外，教师还要以身作则，可以说，其本身就是一本教科书，教师应该在一定程度上对学生起到潜移默化的影响。

（三）有利于打破传统的语文教学模式

小学生主要通过以下两个渠道学习语文：第一，课堂教学，也就是说以教材的学习为主，主要内容是语文知识的学习和学生基本能力的培养；第二，课外实践活动，也就是说以学习体验和自主活动为主，主要内容是对直接经验和综合性信息进行获取与学习。这两种渠道的主要目标不仅是促进学生认知、能力、情感以及习惯的发展，而且还能在一定程度上促进学生语文素养的提高。

由此可见，小学语文教学的两个重要组成部分就是课堂教学和课外实践活动，两者相辅相成，既相互联系，又相互独立。自新中国成立以来，学校尤其注重小学语文的课堂教学，特别是受到了应试教育的影响，不仅教师完全依赖语文课本，而且学生也在死啃语文课本，从而使课外语文学习活动性质发生了改变。"课内损失课外补"的状况，就是语文教学"高分低能"和"高投入、低产出"的重要原因，它在一定程度上对小学生语文素养的提高起到了制约作用。

由此可见，语文课堂教学和课外活动全面优化的关键之处就是要注重语文综合性学习教学。语文综合性学习教学有利于打破传统的教学模式，有利于使教学模式向更合理、更有效的方向发展。

三、小学语文综合性学习教学的目标

（一）总体目标

小学语文综合性学习教学的总体目标是学生能够主动进行探究性学习，其想象力和创造潜能能够得以激发，同时还要在实践中对语文知识加以学习和运用。

（二）阶段目标

1. 第一学段（1—2 年级）

①对周围事物有好奇心，能提出感兴趣的问题，并结合课堂内外的阅读与他人讨论。

②把语言学习和观察自然结合起来，用口头或图文等方式表达自己的观察所得。

③积极参与校园和社区活动。将这些活动与口头或图文等方式表达自己的见闻和想法。

2. 第二学段（3—4 年级）

①能提出学习和生活中的问题，有目的地对资料进行搜集，并与他人进行讨论。

②结合语文学习，观察大自然和社会，结合书面或口头方式来表达自己的观察所得。

③能在教师的指导下组织有趣的语文活动，在活动中学习语文，学会合作。

④在家庭和学校生活中，尝试运用语文知识和能力解决那些比较简单的问题。

3. 第三学段（5—6 年级）

①为了解决与学习和生活相关的问题，利用图书馆、互联网等信息渠道获取相关资料，并且尝试撰写一份简单的研究报告。

②能够策划简单的校园与社会活动，并且能够讨论和分析所策划的主题，学习如何撰写活动计划与总结。

③对自己身边的、大家共同关注的问题或电视、电影中的故事和形象，组织讨论、专题演讲，学习辨别是非、善恶、美丑。

④初步了解查找资料运用资料的基本方法。

第二节　小学语文综合性学习教学的途径与方法设计

一、加强学习实践活动

在语文教学中，综合性学习的实施应严格按照教材和学生的年龄特点，始终坚持务本求实和拓展创新的原则。务本也就是要以人为本，以学生的发展为本，求实也就是要加强语文实践活动，在实践中对语文加以学习和运用；拓展创新也就是要拓宽学生的学习空间，开展语文综合性学习活动，发展学生的创新潜能，培养学生的创新精神。

美国教育学家杜威提倡"教育就是生活"，意思就是教育不能脱离生活内容，不能脱离学习者的生活问题。大语文观念要求在生活的广阔天地里组织和引导学生去学语文，用语文，形成开放型格局的语文综合性学习。

（一）积极开展语文实践活动

通过多种多样的语文实践活动的开展，学生能够在更加广阔的空间中对语文加以学习，使学生的知识变得更加丰富，促进学生能力的提高。教师在综合性学习的教学活动中，应该经常组织学生开展书法比赛、表演课本剧等。这些活动不仅有助于学生更好地学习，而且有助于学生形成语文实践能力。

（二）培养学生的语文应用能力

生活中的许多问题都对语文这一工具产生了依赖性。教师在综合性学习的过程中，应该引导学生扎根在社会实践的自然教室中，使学生能够用自己的实践经验去理解文本，并将课堂上学到的知识应用到实际生活中，使语文的交际和传播功能得以充分发挥。由此可见，综合性学习紧密联系了学生的现在和将来发展。

（三）培养学生信息时代下的学习能力

如今，人类已经进入了信息时代，在实施综合性学习教学的过程中，教师要对各种信息技术手段加以广泛运用，从而使综合性学习的时空范围得以扩展，学生综合实践的水平得以提高。

二、加强沟通与联系

（一）加强课内外的结合

教师应加强课内外结合，保证语文教育综合目标的实现。教师在综合性学习教学中，按照学习的需要，要勇于突破课时和课堂空间的限制。通过结合课内外的活动，学生的语文综合性学习将会收获更加有效的成果。

（二）实现校内外的沟通

教师应带领学生走出校门，参观访问；鼓励学生在节假日期间同家长外出旅游；组织学生进行社会调查，撰写调查报告。上述综合性学习活动都能在一定程度上使学生掌握了语文实践能力。

（三）注重学科与学科间的联系

语言文字承载着一些内容，是一种载体。阅读材料中的文学作品的艺术性很强，这使得语文密切关系着音乐和美术等其他学科。例如，教师在综合性学习教学的过程中，可以使学生按照文字描述的内容展开自己的联想，用彩笔将自己脑海中的构图画下来，从而使得语言能够真正联系美术。

三、充分利用课堂主渠道

（一）强化综合性学习

不管是内容还是方法，小学语文综合性学习都在一定程度上增强了阅读教学效果。与此同时，在阅读教学的过程中，教师通过培养学生的问题意识与探究问题的能力，可以在一定程度上使得学生综合性学习的效率得到提高。教师应该在阅读教学中让学生自己阅读，让学生说出他们最喜欢的词语和短语，并且还要用一两句话总结他们喜欢的原因。从长远来看，这将大力提高学生的自主学习和独立思考的能力。

（二）采取小组讨论创作的学习方式

合作学习在一定程度上补充和延伸了个体学习，合作学习的许多功能是个体学习所不能代替的。合作学习不仅能够帮助学生解决问题，而且可以使学生的信息量大大增加，学生因此也获得了交流情感和展示个性的机会。教师在综合性学习中，应该安排学生进行小组式的合作学习，从而促进个体创新潜能和集体智慧的互补和调整。

四、实施"学徒制"的开放性教学策略

美国心理学家托马斯 1970 年的研究表明，小学五、六年级学生教二年级学生，如同大学生来开设一门阅读方法课一样有效，大学生往往用"哄"的办法，使学生喜爱他们，喜欢所学材料，以及去练习阅读技能。这种类似高年级学有所长的学生带教低年级学生的"师傅"带教"徒弟"的方法就是"学徒制"方法。例如，某校针对学生不重视技艺类课程、动手能力差的缺点，在三年级开展了以"我也能学会 xx"为主题的综合性学习，学习内容为摄影、钢琴、书法、工笔画、工艺画、陶艺制作等。学习时间为每周一节的课外活动课时间和闲暇时间，学习期限为两个月，学习组织形式为学生导师制，即请高年级学有所长的学生带教三年级学生。

学习的步骤：第一，在教师的帮助下由"学徒"自择"师傅"，并举行"拜师会"，在会上口头介绍自己的特点以及选择技艺门类及"师傅"的理由；第二，"学徒"在"师傅"的指导下，制订书面的学习计划；第三，每次"师傅"带教后，"学徒"必须记"学习日记"，记录自己技艺的进步和提出学习中的问题，也可通过细心观察"师傅"的技艺后记录观察所得；第四，学习告一段落后，举行一次学习成果展示会。该校的学习成果展示会是在学校礼堂进行的。

会场里摄影组的学生展示自己摄制的各种以"耐心教、虚心学"为主题的彩色照片；书法组的学生搜集、整理材料，并用小楷端端正正地誊写一期壁报《夸夸我的好师傅》；陶艺组和工艺画组的学生展出自己制作的富有创意的陶艺品和栩栩如生的"蝶画"。与会的有学校领导、三年级全体师生及家长代表，还有各个年级的师生代表。展示会上 20 多位"徒弟"和"师傅"相继在钢琴演奏的世界名曲声中用诗歌朗诵短剧和演讲的形式，汇报了自己在"我也能学会 xx"主题学习中的成长与体验。会场里一会儿鸦雀无声，一会儿掌声如雷，人们心潮起伏，欢庆用"学徒制"方法开展的综合性学习取得丰硕成果。

第三节 小学语文综合性学习教学应注意的问题

一、灵活处理教材

综合性学习涉及的范围比较广，并且实施环节也相对较多，任何环节的疏漏都会对最终的效果产生影响，从而导致失败。一些教师认为，教材中的一些课题与他们学校不相匹配，因为他们地处内陆山区，然而对于海洋的学习项目，由于学生感性认识的欠缺，所以都没有较高的热情。其中一些学习活动需要在网上对相关资料进行查询，但是大部分学校和家庭都没有接入互联网。另外，教材中的一些综合性学习课题没有充分利用该地区和学校的丰富和独特的资源。

由此可见，各地学校有必要调整教材中的综合性学习方案，认真分析各自的优缺点，放弃不适合本学校的目标和手段，利用各自的课程资源进行筹划和准备，只有这样，各个学校才可能够更好地实施综合性学习教学。

二、充分发挥学生的主体性

在活动中，教师应该明确学生的分工：即每个学生应该参加哪些活动，哪些活动可以单独为学生组织。语文综合性学习具有较多的内容与环节，学生应该认真学习其中那些最基本的内容；教师可以让学生分头进行。在交流、总结、汇报、展示的过程中，学生通过对其他同学的活动成果进行观摩也可以间接学习到一些知识。分工合作的安排是为了能够更全面地完成综合性的学习任务，这也是一个很好的培养学生团队精神的机会。

综合性学习的教学与课堂教学不同，它面对的是问题情境，需要学生用多元智力和能力、技能来应对，这是对学生智力、能力的新挑战，也是对学生智力、能力的新发掘。因此，教师在组织实施综合性学习教学中，一定要摆脱以考试成绩衡量学生智能优劣的观念，用更全面的多元智能观考核学生。任何一个学生都有自己突出的才能和发展潜力，最重要的是能否提供给他施展才华的机会。教师在这种新的教学模式和情境中，应该积极发现学生的创造潜力，尤其是要对那些平时不太突出的学生给予特别的关注，这是引导学生全员参与的重要保证。

三、兼顾学习的过程和结果

在语文综合性学习教学的过程中，教师不仅要注重过程，而且要注重实际效果。如果在这一过程中，教师不注重质量和效率，缺乏创造力和品质意识，并且一直处在中低水平线上，那么势必会使学生从一开始的精神焕发，逐渐变得疲惫。

四、追求个性与和谐发展的统一

基础教育阶段的小学教育要求学生必备一些基本的语文素养，况且，小学生的可塑性很大，他们的潜能有待发掘，兴趣有待培养，对于那些必要的学习活动来说，教师不应该因为学生没兴趣或害怕困难而不组织。教师在开展综合性学习教学活动的过程中，最重要的是创设情境，以激发学生的兴趣，与此同时，还要使学生的兴趣得到增强，应以学生的个性和特长实现其全面发展，最终促进学生个性与和谐发展的统一。

五、要注意保持与其他相关方面的密切联系

综合性学习教学除了追求语文学科内部的听说读写的结合外，还应追求语文学科与其他学科的联系，强调与社会生活实践的衔接。可是，以跨学科学习和社会生活实践为主题的综合性学习又并非是语文教师能单独胜任的，这就要求语文教师能与其他学科老师的通力合作。

六、处理好多重目标与效益最大化的关系

由于社会在不断进步，人们的认知也在逐渐发生着变化，人们对人和教育的评价也相应发生了改变，开始关注人的整体素质与成就。所以要优化语文的课程设置，突出综合教育的作用，学科内的一个基本目标的重点应被放在促进其他目标上；教师不仅要掌握知识与能力，而且要注重过程与方法。正是由于语文课程包括多方面的综合性内容，所以其成果也将是多功能的。由此可见，语文课程改革应以语文本位为基础，追求教育效益的最大化。

第八章　新课程视角下小学语文课程教学评价改革

教育教学评价作为一门科学的学科，同其他学科一样，经历了从产生到发展的过程，它是一门既古老又年轻的学科。新课程背景下的课程教学评价改革是极其重要的。从整体来看，教育评价经历了一个从主观评价到测定，从测定到科学评价的发展过程中。教学评价是教育评价的一个组成部分，它是在遵循某种准则的基础上，对相关教育过程进行描述和对价值进行判断的过程。它由教师评价以及对学生评价两部分构成。

第一节　教学评价概述

一、教学评价的内涵

教学是学校里最为主要的工作，是培养人才实现教育目标的基本途径。质量对于教育来说是至关重要的。学校要提高教育质量，首先必须提高教学质量，而教学评价是对教学是否达到一定质量进行的相关判断。由此可知，教学评价是保障和提高教学质量的一种必要手段，是课程实施的重要环节。评价指的是价值判断的过程，价值指的是事物起到的积极的作用。不难得出，凡具有衡量事物价值的，进行价值判断的一切活动都是评价。因此，教学评价就是对教学进行价值判断，评价其作用的过程。教学评价的目的是为教学决策提供依据，从而更好地促进教师和学生的共同发展。

二、教学评价分类

教学评价的内容主要包括：教师、学生、教学环境、教学内容、教学管理、教学方法手段等因素的评价，由于教师和学生是授课与学习的主体，因此教师评价和学生评价在其中最为重要。教学评价的类别依据不同的标准得到的结果也各不相同。

学校的主要任务是教学和育人，因此，学校需要定期了解教学最终效果，学生掌握知识的情况。那么这时，教学评价就能发挥出它自身的价值，学校可以通过教学评价来了解学生的学习状况。那么教学评价的分类标准有哪些呢？评价方法都有哪些类型？对此，笔者简要进行以下说明。

（一）根据教学评价在教学活动中的不同作用进行分类

1. 诊断性评价

诊断性评价是指根据学生平时的生活状态、学习态度、家庭情况、性格心理特征以及前一段学习知识储备的数量和质量进行诊断，正常情况下教师会利用学生之前的成绩记录、测试等。诊断性评价是教师的好帮手，教师通过诊断性评价可以相对更直接地去了解教育对象的现状及心理，以便更好地对其进行各方面的教育。

2. 形成性评价

为了使教育活动取得更好的进展，能及时了解教师在阶段教学中获得的教学效果，和学生学习的进度情况、各方面存在的问题，以得到及时反馈使教育教学质量达到最优化，学校可以进行形成性评价。形成性评价的重点在于反复测验与反复检查，使学生了解自己是否已经掌握了该单元的学习内容以及重点、难点。

3. 总结性评价

总结性评价是在一个完整教育阶段结束后，针对其整个教育过程中的教育目标实现的程度而进行评价的，一般评定学生成绩，并为学生证明或提供关于某个教学方案是否奏效的证明，它所包含的范围比较广泛。

（二）根据评价的分析方法进行分类

1. 定量评价

对一系列教学过程中能直接数量化的指标，进行量化的评价方式就是定量评价。例如，教师所任教班级的学生成绩、学生对教师教学效果的民主测评、教师个人教育教学成果等。

2. 定性评价

教师对学生进行思想上的教育、心理上的疏通、教师个人的素质、教师教育教学技能的程度等，这些都是不便量化的评价对象、内容、行为表现，对它们采用客观描述、事实呈现等方法所做的性质或价值判断就是定性评价。

（三）根据参照标准进行分类

1. 个体差异评价

个体差异评价是评价者根据评价对象自身条件及状况进行的评价方式。它是对评价对象进行价值判断的评价方法。世界上是没有两个相同的人的，为此，评价者在做评价时要以每个个体自身的状况为基准，来进行相应的评价。其评价内容包括对评价对象现有成绩同以往成绩进行比较，以及对评价对象自身各个方面的比较。

2. 相对性评价

把学生放到一个较大的群体中，通过学生所处的相对地位，根据学生与学生之间的差异情况对学生做出的评价方式是相对性评价。班级和年级排名就是相对性评价的方式。

3. 绝对性评价

以已定的教学目标为基准，对教学质量做出的评价方式是绝对性评价。例如，期中考试、期末考试和升学考试等，大都以学科的考纲考点为基本准则，评价学生学习情况和教师教学情况。

三、教学评价的功能

（一）导向功能

教学评价自身就是一种价值判断。这是在具有某些标准之后，评价者判断被评价对象的某些特征的过程。"评价什么，学校和教师就欣赏什么"这句话在一定程度上反映了教学评价对教学起到了主导作用。在教学评价过程中，评价者应参照课程标准设计教学评价程序，在确定教学评价的内容后，对评价对象进行教学评价行为。评价对象会追求理想的评价结果，努力满足评价标准的要求。因此，评价对象会以评价标准作为根本目标而努力。

综上所述，教学评价有利于多维教学课程的开发，指导教育教学工作的顺利进行，指明个人努力的方向，使师生能够及时发现问题，采取有效措施，达到教学目标。

同时，根据教学评价也可以推断出评价对象的发展趋势，从而指明了他未来职业兴趣的方向。

（二）激励功能

动机是激发人们产生内在动力的基本有利条件，人们通过激发自身动力进而达到理想目标。评价具有激励功能，同时也有对落后单位和个人的监督作用，一般来说，评价的对象，无论是个人还是单位，都希望用实力来证明自己，以便发挥自身最大的价值，从而得到世人的认可，这是人类心理基本倾向。适当的评价可以给人们带来心理上的一种满足感，并激励着人们不断朝前努力，不断进步。

评价指标的制定如果合理，就会更好地发挥其激励功能。如果评价太高，被评价者可能会产生骄傲的心理；如果评价太低，对被评价者心里会造成一定程度上的伤害。所以，要进行合理化评价，也就是说要进行综合评价，不要片面去做评价。只有公平、合理、客观、科学的评价，才能使教学评价真正发挥激励功能。

（三）鉴定功能

教学评价基于特定标准，该标准的确定使教学评价具有鉴定功能，教学评价的鉴定功能不仅可以为教育行政部门的决策提供参考，而且可以为推动教育发展发挥积极作用。它还可以为教师提供改善教学的信息，使教师得知被评价者的种种问题，进而有针对性地对其进行调整，以改善他们各自的行为，使课程尽可能完整。但是这种功能也有不足之处，教师如果太过侧重于鉴定功能，就会造成对教学评价功能的片面和机械的理解。处理不当会增加教师的心理负担并增加压力，同时也会导致学生心理负担的增加。

（四）选拔功能

从中国古代帝国考试到现在的考试，教学评价的选拔功能历来就备受重视。在教学评价的鉴定基础上，学校可以将先进或优秀的师生选择出来，而淘汰不合格的学生或教师。选拔功能在一定意义上也对学生及教师起着激励的作用。

（五）诊断功能

教学评价的目的之一是获得评价对象的各种信息，然后对这些信息进行分析以判断出评价对象在学习过程中的问题，找出原因并进行解决。在此过程中，教学评价促进了评价对象的不断发展，优化了教学评价的诊断功能。教学评价的诊断功能具体表现在以下几个方面。

①教学评价能揭示和分析教育教学过程中存在的问题，找出问题的症结，提出改进和整治的建议，并给出确认教学效果的能力。科学教学评价的过程是评价者使用观察、问卷、测试和其他手段收集评价对象的相关信息，并进行严格分析的过程。

②教学评价能够根据评价标准进行价值判断，并分析和诊断教学活动中的哪些活动、哪些部分应妥善维护，并应进行改进。

③教学评价可以指出存在问题的地方，找出原因，然后根据这些原因提供改进方法和措施的方法。

教学评价的过程就像找医生看病的过程。只有经过科学诊断才能使用药正确。教学评价的诊断作用使其成为提高教学质量的一项特殊而重要的功能。

（六）改进功能

教学评价的主要目的是在教学中发现不足之处，并分析问题的原因，找到对策，以不断改进教育和教学活动。教学评价诊断和改进功能的实现要求教师深入开展教学活动，了解实际教学活动情况，与评价者沟通、协商并讨论评价中发现的问题。

（七）交流功能

评价者将相关评价信息传递给评价对象，以便评价对象或评价者不断调整和改进行为，这是教学评价的交流功能。通过评价的交流功能，发现教学活动现状与目标之间差异，并以此为依据实现对教学活动的调节和控制。交流功能的有效发挥取决于教学评价的信息传输渠道是否畅通、信息是否完整、信息返回及行为辅导调控是否及时等。

（八）调节功能

教学评价的调节功能意味着，教学评价可以对所获得的信息进行处理和分析，准确找出学习过程中教师与学生间存在的问题，然后进行针对性地调整，完善教学活动。

无论什么样的功能，归根结底，都是为了促进学生语言素养的提高，促进学生的健康成长。语文课程教学评价过程实际上是促进学生发展和能力提升的过程。

四、传统教学评价的时弊

教学评价对教师的教学活动和学生的学习行为具有重要的导向和调节作用。随着时代的发展和社会的进步，我国传统教学评价越来越不适用于我国教育的发展，传统教学评价主要存在以下弊端。

（一）评价方法的弊端

传统教学评价方法注重相对评价，而忽视绝对评价和个体差异。传统评价方法相对简单，主要采用书面测试，过分强调定量结果，很少采用新的评价思路和方法。这就使得教与学生之间不能相互理解，从一定程度上抑制了学生的正常发展。

（二）评价过程的弊端

传统教学评价并不关注学生学习的整个过程，相对来说是比较极端化的。传统教学评价中心主要是结果，因此忽略了评价对象在不同时期的努力和进步，这并不是真正意义上的评价，太过于片面。传统教学评价不能充分发挥促进学生发展的作用，落后于教育的评价制约了综合素质教育，评价对象在评价过程中出现这样或那样的问题。

例如，标准化的初级中文书面测试的过程：确定测试目的—制定考试大纲—准备双向分类—准备考试题目—合并—考试—表演—评分—分析测试结果—解释分数。但是，目前学校组织的单元考试、期末考试或城市统一命题考试的考试内容是由问题库的一些问题合并而成的，而问题库中没有双向列表，缺乏一定的科学性。

（三）评价功能的弊端

传统教学评价的功能是存在弊端的，它过于侧重评价的筛选和选拔功能，忽略了评价促进教师和学生的基本功能，导致评价功能失调，这也就意味着一部分功能的失效。

（四）评价内容的弊端

在应试教育的影响下，学校及教师对学生的教学评价往往只注重学习成绩，对于学生其他方面的评价很少。例如，有的语文试卷。由三部分组成：基础知识、阅读分析、作文，还有的由单项测试和综合测试两部分组成。这两种类型的试卷都无法反映学生的口语交际能力，不能体现现代社会对人际交往的高要求，再加上命题作文无法准确真实地反映学生的写作能力，语文评价的可靠性下降。

（五）试卷编制的弊端

试卷编制规范不统一，导语不明确、知识性错误、各类题型的编制不符合要求等问题，常常成为小学语文试卷中干扰学生正确答题的障碍。

（六）评价主体的弊端

传统评价主体的评价更多是侧重于学生成绩的评价，其评价内容和形式相对来说较单一。相关教育部门以及学校一般会用这种评价方式制定系统来衡量每一位学生。在评价的过程中学生处于被动状态，评价双方的关系是紧张的。教师、学生和家长三者之间得不到充分接触交流，对彼此都会产生一些误会，不肯相互协调合作，从而影响了教学质量，影响了学生的良好发展。

（七）评分和分数的弊端

在目前的小学语文教学评价中，特别是一些学校会设计一些自编测试，然而这些自编测试的分数也是由相应的校方设置的，这一举措是不恰当的。测试分数是学生评价的定量指标。语文教学评价内容有不同的层次，如测试知识的内容、测试能力的内容等，因此得分是每个层次内容的综合代表值，这样的做法太抽象化，一个评价的分数不能完全反映学生语文学习的总体水平。目前，我国学校对语文教学评价结果的认识和应用存在着以下问题。

①在将分数绝对化的观念驱使下，语文分数成为教师教学和学生学习的目的，追求高分无形中成为小学教育的基本目标。

②错误地认为语文分数绝对地代表了学生对语文知识的掌握程度，反映了他们口语交际、读、写的技能水平和智力发展水平。

③评价结果的利用率低。学校在评定学生语文学习成绩和教师教学效果中，往往只看重一次评价的结果，而忽略对以前评价结果的利用。

④不顾具体需要、具体条件，任意扩大语文分数的应用范围，造成分数的滥用，产生消极后果。

一直以来，传统教学评价本身具有复杂性和我国教学评价存在众多问题，这是我国教育领域老大难问题，这些问题严重制约着教学评价的发展。

五、新课程视角下的教学评价理论依据

（一）建构主义理论

建构主义理论被称为学习理论的一场革命。代表人物主要有皮亚杰、维果茨基。这一理论在知识观、学习观及学生观上与其他理论大不相同。在知识观上，建构主义认为知识并不是对现实的准确表征，而且不能精确地概括世界的法则。在学习观上，建构主义认为学习具有主动建构性、情境性与社会互动性。在学生观上，建构主义认为学生不是空着脑袋走进教室的，而是通过自己已有的知识基础主动建构属于自己的知识体系。新课程强调在课程内容上注重与学生生活实际和当前科技发展的联系。总之，建构主义的核心之意是学生的主动建构，这启示新课改要注重学生实际发展，让学生主动去学，主动建构自己所需的知识。

（二）加德纳智能理论

美国心理学家加德纳提出多元智力理论，他认为，人的智力由七种独立的智力组成。每个人占优势的智力方面各有不同，因此，评价一个人智力水平的高低不能只看某一种或某几种，而应该全方位的进行评测。多元智能理

论对于新课改的启示是要促进学生全面发展，建立多方位的促使学生全面发展的评价观。

（三）后现代主义理论

后现代主义是具有反传统倾向的现代制度哲学。后现代主义认为，世界是开放和多样的，丰富多彩的现实世界需要每个学生的奇思妙想。

创新意识与能力已成为整个社会和个人不可缺少的一部分。认识到开放性也为人们充分展示生活本质提供了一个大舞台。后现代主义以其包容和宽容的态度，尊重个性，为生活在这个世界上的每个人开辟了生活空间。

后现代主义给我国带来了一定的启示：每一位学生都是单独存在的个体，是具有持续发展性的个体，教师在教学过程中不应对学生进行单一方面的评价，学生的价值也不仅仅体现于单一的成绩中，还应评价学生在学习过程中的态度、思想品行以及专有特长，学生在学习的过程中很努力，但由于各种原因导致最终考试结果不理想，因此，教师不能由考试结果就断定学生没有努力学习过，且单一的成绩评价会导致学生对学习或教师产生排斥心理，从而影响其学业。所以，课堂教学不仅仅应关注结果，更应注重过程。从教学本体论的角度来看，活动是教学的基础。基于师生共同活动的课堂教学评价，不仅是对学生现状的价值判断，也是促使学生充分发挥主动性，积极参与教育活动，促进下一步教学活动有效开展的活动。因此，课堂教学评价的目的是促进教学，而不是选择和判断。

（四）人本主义理论

人本主义理论是由美国心理学家罗杰斯提出来的。该理论基于非指导性的心理咨询原则，认为学习活动中情感参与具有重要意义，进而提出非指导性教学及真诚、接受、理解的师生观。人本主义理论对于新课改的最大启示则是应转变教师观、学生观及师生观。新课改不提倡将学生看作被动接受教育的人，而应将其看作一个主动的学习者，同时提倡师生之间应是合作关系，而不应是教师说了算的。

第二节　新课程视角下教师评价改革

百年大计，教育为本。教师作为教学活动中的重要角色，教师队伍整体素质的高低决定了国家、民族教育事业的发展状况。教师评价既是教师管理的主要手段，又是促进小学语文教学质量的重要方法。因此，教师评价也是我国历来课程改革中关注的关键问题之一。新课程视角下教师评价改革的主要内容为以下三个方面。

一、打破单一评价方式

教师是一个神圣的职业，在教育过程中，教师应学会主动反省教学内容以及授课方式的优缺点。在对学生进行评价的过程中，教师应注意自我反省与认知，不断发展自我、完善自我，使教师的自我素质结构得以提高。教师评价不应是只对教师进行相关专业的单一性评价，更应对教师的授课内容的创新、授课方式以及专业服务精神等进行评价。这样有利于促进教师不断去学习、升级，使其各方面更加完美。

（一）重视对教师的考核

评价者在对教师进行评价时，评价内容除了传统教师评价中职业道德、学科知识、教学能力、文化素养等内容之外，新课程教师评价特别重视对教师参与和共事能力的考核，考核的内容包括：能否参与学校发展规划的设计，并提出可行性意见；能否参与确定时间和其他资源在教学课程中的分配等教学规划；能否参与设计本学科、所在教学组的发展规划，并提出可行性建议；能否充分参与制订和实施同事们的专业进修计划；能否与学生、家长、同事建立良好的关系，相互合作，共同发展。

（二）强调自评方式

促进教师教育教学反思能力的提高、让评价对象作为评价的主体之一参与评价过程是新课程评价改革的一个显著特征。当代教师应多进行自我评价，只有不断反省自己，才能使自己在各个方面得以提高。教师自评的方式也可以起到监督、警示作用。

在整个自我评价中，教师应采用口头或书面形式，从工作的各个方面来评估自己的表现，明确存在的优缺点，讨论、分析、评价、填写调查表。如果经验是教师专业知识和能力的最重要来源，那么思考则是教师专业知识和能力发展的最基本机制。通过回顾指导审查，教师可以分析得失，找到原因，并找到促进未来发展的解决方案。美国学者波斯纳提出了教师成长的公式：教师的成长＝经验＋反思。这就要求广大教师跳出经验性教学的藩篱，加入反思性教学的行列。教师自我反思的内容包括对自身素质的反思和对教学过程和效果的反思。对自身素质的反思包括所反思掌握的学科知识的正确性、广度、深度；反思教育理念是否正确；反思学生观、价值观是否正确等。教师通过反思可以明确自己的优势与劣势，以及努力的方向。对教学过程和效果的反思包括对教学策略、课堂把控能力、学生参与程度等方面的反思，其中一些方面具体的需要反思的内容如下。

1. 对教学策略的反思

①教学内容是否贴近学生经验，回归现实生活。

②教学设计是否考虑了学生接受能力，遵循了学生身心发展规律。

③内容呈现是否生动有趣，能否吸引学生的注意力。

④教学过程是否重视学生的全员参与。

⑤教学手段是否过于单一。

⑥教学过程中是否对学生自主学习能力加以关注。

⑦教学过程中是否忽视了学生与教师的合作性，学生与学生之间的合作性。

2. 对自己课堂把控能力的反思

①是否有效地评价学生了。

②是否收集到学生的反馈信息并进行了处理。

③面对突如其来的意外，是否有相应应变措施，教育机智是否发挥了相应的作用。

④面对学生起伏不定的注意力状态，以及由此带来的课堂秩序问题，调控措施是否生效了。

⑤师生之间、生生之间交流时是否发生了一些问题，是否顺利地将其解决，这些问题是否有价值，是否针对这些问题进行了研究。

二、建立发展性课堂教学评价模式

（一）以学评教

"以学生的发展为本"是现代课程标准的核心理念，"以学评教"主要是通过考察学生的发展情况，来评价教师课堂教学的质量水平。此种模式将评价的主体转向学生，也就是用学生在课堂学习中呈现的实际状态，作为教师课堂教学活动是否成功的一种评价标准。这种评价方式区别于传统课堂评价的"以教评教"，充分体现了以学生为主体的理念。

（二）注重课堂观察

新课程视角下的教师评价非常注重课堂观察，观察的内容是学生及其在课堂上的表现。对学生的观察内容包括：①注意状态，即是否全神贯注倾听，能否针对所问的问题进行回答；②参与状态，即绝大多数的学生是否都参与课堂活动中；③交往状态，即师生、生生合作交流是否民主和谐；④思维状态，即思维是否有条理，能否表达自己的见解；⑤情绪状态，即能否获得积极的情感体验；⑥生成状态，即这堂课有没有思维梯度，有没有思想深度。对教师的观察内容包括：①教育理念和人文素养是否具有开放性、平等性、探索性、创新性；②教学目标和教学内容是否准确、专业；③教学思路和学科功底是否清晰、全面；④组织协调和教学机智是否灵活、自如。

（三）培养学生的自主学习能力

新课程强调关注学生的主体地位，在越来越尊重和倡导学生主体地位的教育思想指导下，课堂教学也应该立足于促进学生发展的需要之上。在知识经济和终身学习的背景之下，培养学生的自主学习能力是教师教学工作的重要目标之一。评价者在对教师的课堂教学水平进行评价时，也应非常关注教师在培养学生自主学习能力方面所采取的教学行为和所产生的教学效果。评价者在课堂观察时，不仅要关注课堂气氛，还要关注学生的自主状态，例如，课堂是否以学生活动为主，学生是否有自由选择空间，能不能自己提出问题、寻求答案，教师是否尊重学生需要，及时调整教学进度、活动安排，等等。

三、注重综合性

这里所说的综合性评价，指的是对教师全方位的评价，是使用发展的眼光对教师各项工作进行的评价。这种评价的特点是具有发展性的，是需要较长时间循环反复的评价。

教师职业的内容比较多，且较为复杂，仅仅通过单一评价对教师来说是不公平的，同时也不能将其发展过程真实反映出来，这就会导致评价结果与教师的实际工作以及在工作中的表现产生一定偏差。综合性评价的缺失会导致无法真正意义上对教师进行了解，致使各种偏差的出现，很有可能造成教师心理的不平衡，或是对教育事业失望。

由于每位教师的性格特点、教学风格、专业素养均不同，导致教师评价存在一定的偏差，为此，新课程背景下的教师评价更注重教师个体差异，提倡在个体差异的基础上，对教师进行综合性评价。新课程改革也针对这一情况，提出以下建议，以使教师各方面潜能得以充分发挥，更好地促进教师专业发展和创造性。

①针对教师的每一次进步，学校、学生家长及学生都要给予积极肯定的评价，使教师在教育事业上树立自信心。

②国家以及相关教育部门应制定教师工作准则，使教师可以以此为学习目标，进而不断发展、改善自己。

③给予教师在其工作上信息的反馈，使教师在第一时间发现问题、分析问题、解决问题。

④校相关领导、同事、学生以及学生家长，应对教师进行多元化评价，而非仅仅进行专业素养的评价。教师在被评价的过程中应端正自己的态度，要正视他人提出的问题，并对其加以改正。

第三节　新课程视角下学生评价改革

一、传统学生评价的弊端

长期以来，传统学生评价在语文课程评价方面存在着评价主体局限、评价内容过于片面等诸多不足，在实施评价的具体过程中，也普遍存在着简单化、唯量化等弊端。其主要表现在以下几个方面。

（一）过分强调学业成绩评价

传统学生评价过分强调学生的学业成绩在评价中的作用，把学生的学业成绩作为衡量学习结果、评价具体的课程方案优劣的唯一指标，把考试与评价等同起来。这与多年来形成的"片面追求升学率"的倾向是分不开的。部分学校或教师为了提高自己的知名度或增加自身利益，只注重学生考试成绩，严重忽略了学生全面发展，忽视了学生在学习过程中的一系列变化，久而久之，以考试代替评价的倾向就出现了；而且这种旧观念在人们的头脑中根深蒂固地存在着，人们往往会自觉地选择与之相适应的方法来进行评价。

（二）学生被排斥在评价过程外

传统学生评价过程中，学生是无法参与整个评价过程的，作为所谓的学习主体，学生是被排斥在评价过程之外的，完全没有得到学习主体应有的待遇，教师反而成为整个评价过程中的主体。在整个评价过程中，只有教师参与单向评价活动，致使评价结果产生了一定的局限性。这就对学生的学习产生了不良影响。

二、新课程视角下学生评价改革理念

（一）发挥评价的教育功能

1.教师应在此方面完成的工作

评价是有其教育功能的，教师应使评价教育功能发挥其本身的促进作用。在整个评价的过程中，评价不仅要关注学生成绩，而且需要发现学生各方面的潜能。在日常生活以及学习中，教师应及时发现学生的各种需求，帮助学生进行自我认识，使其不断自主反省自己，正视自己的问题的同时加以改正，帮助学生树立自尊心、自信心。

2. 学校应在此方面完成的工作

学校应不断完善和改革考试制度，尽可能将考试内容与社会生活实践联系起来，重视学生心理素质的培养，以及学生分析问题、解决问题的能力，在条件允许的情况下，可开展部分开卷考试。

（二）发挥评价的促进发展功能

评价者的评价对于评价对象起着至关重要的作用。负面的评价可以使评价对象产生自卑、叛逆、破罐破摔的心理；正面的评价可以对评价对象起到积极向上的作用。教师应尽量对学生进行正面的评价，应看到每一个学生身上的优点和闪光点。

三、新课程视角下学生评价改革的原则

（一）评价学生发展过程准则

以往的学生评价太过于单一化，其侧重点往往在于学生的"知识与能力"方面，这种评价方式不利于学生的全面发展。如果学生在获得"知识与能力"过程中的价值观、情感以及态度一直处于被忽视的状态，学生就会出现这样或那样的问题，甚至造成不良后果。为此，在新课程背景下对学生进行评价时，评价者要更注重学生成长发展的过程。教师应多关注学生在学习过程中的种种变化，以及在日常生活和教育教学中的行为，并在此基础上给予学生相应的评价与反馈，将各方面细微评价有机地结合起来，从而使学生评价成为真正意义上的过程性评价。

（二）评价内容多元化、评价方式多样化准则

所谓评价内容多元化，主要是指对学生进行各方面评价，不要进行单一性评价。评价者在关注学生学习成绩的同时，也要关注学生的思想品行、兴趣爱好、创新与实践能力、个体差异性等，在进行评价的过程中，要根据以上关注内容对学生进行评价，尽可能体现三个维度的整合。这里所说的三个维度的整合主要指知识与技能、情感态度价值观以及过程与方法的整合。要想促进学生全面和谐发展，就需要全面落实各项评价内容。

（三）参评主体多元化准则

调动学生学习积极性，要求参评主体不要过分单一，而是要多元化，评

价者既可以是教师，又可以是学生，还可以是家长。

1. 教师的评价

教师的评价不应单指班主任的评价，也应包括各科教师的评价，且应是对学生全方位的评价，不只是针对学生成绩的评价。

2. 学生的评价

学生的评价包括学生间相互评价和学生自评两种。这两种评价都很重要，学生间相互评价可以促使学生间更加团结，友谊更加坚固。学生自评是学生很好的自我反省机会，利于学生尽快发现问题并将其进行改正。

3. 家长的评价

家庭教育是学生教育过程中的关键，在家庭教育中，家长对孩子的评价是至关重要的。一般情况下，家长对孩子是最为了解的，正因如此，家长对其子女的评价也会是最真实且最全面的。但在评价过程中，家长应多给予孩子积极向上的评价，从而使孩子树立自信心，对学习更加感兴趣，为以后的学习之路奠定良好基础。

（四）激励准则

世上没有完全相同的两片叶子，也没有完全相同的两个人，因此，每位学生都有其自身的特点，作为评价者，要关注学生个体差异，不要对学生进行片面评价。评价者要根据学生个体差异进行"保护性"评价，简单来说，要给予学生以积极鼓励性的评价，从而激发学生的自尊心，使学生树立自信心，为学生提供一个自我展示的平台和机会，使学生乐于展示自己努力的成果，且为自己的进一步发展提供动力。但要注意的是，评价者并不应对学生所有动机或结果都要进行鼓励性的评价，要灵活运用，不要使学生产生自傲心理。

第九章　新课程视角下小学语文教师的专业素质培养

教育活动源远流长，随着人类社会的不断进步，教育活动日益丰富。教师角色定位与发展问题也附着于深层次的教育实践，在漫长的教育发展过程中，人们形成了对教师的不同看法，每一次看法的变化都能在社会的转型性变革、教育的性质和功能的转型中找到依据。当前我国教育改革方兴未艾，《新课标》赋予了教师角色崭新的内容，小学语文教师需要重新认识教师角色的内涵与新义。

第一节　小学语文教师的角色意识

一、教师角色理论

"角色"一词本来是一个戏剧表演术语，指的是戏剧中演员扮演的特定人物，后来被用于社会学与心理学的研究。1934 年，美国芝加哥学派的社会心理学家乔治·米德综合詹姆斯、查尔斯·霍顿·库利等人的研究成果，在其著作《心灵、自我与社会》中率先将角色概念引入社会心理学领域，社会角色的概念和范畴自此形成了。目前我国社会心理学领域对"角色"较普通的认同是，任何一种社会地位或身份的人都有一套由其身份所规定的行为方式，当个体在执行与其社会地位、身份相适应的社会职能时，其心理与行为必然要符合相应的心理规范与行为方式，即扮演相应的社会角色。

教师角色既包含着教师个体在社会群体中的地位与身份，也代表了社会对教师的期望。教师角色的形成，既受到职业本身的特点与社会期待的影响，又受到政治、经济、文化等因素的影响和制约。因此，教师角色体现着鲜明的时代和文化特征。

（一）国内教师角色理论

我国古代社会有"尊师重教"、维护"师道尊严"的传统，古代先哲们对教师的地位与作用有着丰富而精辟的论述。《周礼·地官司徒序》中，郑玄注"师"字时，写道："师，教人以道者之称也。"《礼记·文王世子》指出："师也者，教之以事，而喻诸德者也。"杨雄在《法言·学行》中说："师者，人之模范也。"韩愈的《师说》云："师者，所以传道授业解惑者也。"古代社会的人们不仅对于教师的身份有着清晰的认识，而且对于教师在重道、教化中的工具作用也有着明确的认识，《礼记·学记》有记载曰："君子既知教之所由兴；又知教之所由废，然后可以为师。"我国古代教育家荀子认为，教师是礼仪的化身，有重要的社会作用。"礼者，所以正身也；师者，所以正礼也。无礼何以正身？无师吾安知礼之为是也？"荀子将教师的地位提升至与天地、先祖并列的高度："天地者，生之本也；先祖者，类之本也；君师者，治之本也。"那么，具备怎样素质的人能成为教师呢？孔子说："温故而知新，可以为师矣。"

传统的教师角色是在长期的教育发展历史中形成的，主要受专制和集权社会政治体制的制约，教师角色一直被突出其工具化的作用，强调教师对知识的传授，至于知识的创造、选择、加工则与教师无关。这种情况一直持续到近代。

随着"西学东渐""废科举、兴学校"的主张得到重视。自19世纪90年代起，我国高层社会人士张之洞、陈宝箴、盛宣怀、康有为等都上奏朝廷主张兴学，梁启超更是全面系统地提出各级各类学校的设立方案。现代教育学校的出现拉开了我国近代教育的序幕。人们对教师角色有了新的认识，教师群体职业意识日益独立，北大校长蔡元培明确提出，教育事业应丝毫不受各派政党或教会的影响，应兼容并蓄。在这个历史阶段，教师角色定位逐渐与当代教师专业发展接轨。

新中国成立后，社会再次强调了教师在培养学生的政治思想道德方面的功能，与中国传统的教师观念"传道授业"遥相呼应。教师的社会地位也得到很大的提高。

改革开放后，1986年，我国颁布的《中华人民共和国义务教育法》首次以法律形式明确规定教师资格，对教师实行一种法定的职业许可制度。新时期的教师焕发出青春与活力，获得了社会的尊重，人们对于教师角色内涵的认识也越来越丰富。中国台湾学者林清江对教师角色的研究发现，教师扮演下列角色才有益于教育和社会的进步：教师在教室中的角色——协助学生社会化及选择；教师在学校中的角色——传授知识与方法，参与组织决策，平衡学生情绪；教师在专业团体中的角色——研究及整合价值；教师在社会文化中的角色——协调社区关系，导向社会行动；教师在社会文化中的角色——选择人才，协助政治社会化，促成社会流动，参与文化革新，促进全面的社会发展。邵瑞珍在其《教育心理学》中把教师角色分为：知识的传授者；父母形象；课堂纪律管理员；榜样；心理治疗家；朋友与知己；替罪羊；人际关系的艺术家。

社会的发展使人们对教师角色的认识越来越清晰，人们对教师所做出的贡献给予了充分的肯定。如人们称教师为"蜡烛""慈母""人类灵魂的工程师"，这些定位是对教师的一种称誉。伴随着我国漫长的课程教育改革，《新课标》的颁发赋予了教师角色内涵历史性的变化。

（二）国外教师角色理论

角色理论从起源上讲，是西方的产物。角色理论产生以后，在西方得到了比较快的发展和应用，国外的教师角色理论经历着从传统到现代的转化。西方传统的教师角色受宗教思想和科学主义影响极大，对于教师角色的认识是建立在教师中心和控制儿童的基本理念基础之上的，基本内涵包括：教师是"神父"和"专家"；是"教育环境的设计者和规定者"；是"学生行为的塑造者"；是"知识的传授者"。教师基本上担当着引路人、指导者和"唤醒者"的角色，如古希腊的德谟克里特提出教育要适应儿童的天性，教师教育儿童时要采取说服和鼓励的做法，不要采取强迫的做法。中世纪基督教教育家奥古斯汀认为，教师的工作不仅仅只是提供现成的知识，学生应该自己学习，教师的任务应该是启发和激励学生去自我思考，提醒他们内心已经知道的真理（即指上帝）。

随着科技的发展，西方现代社会倾向于将教师看作一种职业，教师被赋予了更多的角色内涵。美国的麦金太尔曾尝试从社会学的角度，总结并具体化到操作层面，论述了教师的组织者角色、管理者角色、咨询者角色、交流者角色、职业角色、革新者角色、伦理者角色、政治角色和法律角色。

霍伊尔在《教师角色》一书中说明了教师专业社会化的内涵。他指出教师应扮演"教学的事业角色"，是科学的专家，懂得教育方法及具有事业态度，教师还应扮演"领导角色"，以合宜的领导方法及其领导能力，促使教学的成功。

到了当代，教师角色的研究向"学生中心"方向发展，并且深入到了教育社会心理学的层面，取得了比较有价值的成果。索里等人经过梳理已有的制度以及团体或个人，把教师角色按照从最消极的到最积极的感情因素分为三类：消极的角色，包括"替罪羊""侦探和纪律执行者"；权威的角色，包括"家长的代理人""知识的传授者""团体的领导"以及"模范公民"；支持的角色，包括"治疗学家"以及"朋友与知己"。

20 世纪 70 年代以来，兴起于西方的一些重要理论流派对教师角色进行了深入的探讨。建构主义理论、人本主义理论、实用主义理论、批判教育理论等从不同的维度和情境出发来审视现代教师的角色。

纵观国内外学者对教师角色的研究，教师的角色大致可分为三类。

第一类是教学与行政的角色，包括：①教学角色，教师成为学生学习的发动者、组织者和评定者，通过教学传授文化科学知识，发展学生智力；②教育角色，教师通过言传身教对学生进行思想道德教育，提高学生思想觉悟，培养学生良好的道德品质；③行政角色，包括课堂管理员和办事员。

第二类是心理定向角色，包括人际关系的协调者、社会心理学家、心理催化剂、临床医师等角色。

第三类是自我定向的角色，包括帮助者、学习者、学者、父母形象、寻求权力者、寻求安全者等角色。

这三类角色在整个教育中所起的作用有所不同。第一类角色是教师的显著的、传统的、本职的角色，第二类角色扩大了传统的教育概念和范围，第三类角色中有些是积极的力量，有些是消极的力量。

二、新课程视角下小学语文教师角色的定位

"定位"一词原为工业用语，是指在对工件进行加工或测量时，使之获得正确位置的过程。通常是把工件上的某些基准面安放在机床、夹具的相应支撑面上，使之获得正确的位置。定位是一个动态的过程，而不是简单的静止。角色的社会性，决定了教师角色的定位会随着社会发展而变化。

"教师的角色转换问题是整个当代教育改革的核心问题。"新课程改革，对小学语文教师的角色定位提出了新要求、新期待。

（一）教师是课程的开发者

教学本身是一项创造性的劳动，没有创新，课程教学就没有真正的生命力。新课程改革要求教师不仅要做课程的实施者，还要做课程的开发者。新课程改革为了适应不同地区、不同人群，只给出了基本的教学内容和教育资源，教师必须学会开发教育资源，开发课程，才能顺利地完成教学任务。

长期以来我国的语文课程只有国家课程，实行的是"一纲一本"的课程政策，语文课程设置主要是由课程专家或研究者进行的。由于受到传统教育学的影响，大多数教师认为课程是由专门部门的教育行政官员、教育专家、学科专家等设置的，教材、教科书应用教育权威编写，教师只是教学大纲、教学计划和教科书的忠实执行者。语文教师主要是课程实施者，任务就是忠

实地执行他人已经设计好了的课程。这种状况使得语文教师习惯按照统一的教材、统一的进度，用有限的教学方法实施语文教学。小学语文教师普遍缺乏"课程意识"，特别是缺乏"课程资源意识"，往往把教材当作唯一资源，只"教教材"而不知"用教材教"，不知利用教材以外的其他资源实现自己的教育目标。

《新课标》背景下的语文课程应该是开放而富有创新活力的，应尽可能满足不同地区、不同学校、不同学生的需求，并能够根据社会的需要不断自我调节，更新发展。因此，语文教师要打破教科书是唯一资源的观念，做课程的开发者，寻求课程资源，构建课程内容。

《新课标》指出，"语文课程资源包括课堂教学资源和课外学习资源，例如：教科书、相关配套阅读材料、其他图书、报刊、工具书、教学挂图、电影、电视、广播、网络，报告会、演讲会、辩论会、研讨会、戏剧表演，生产劳动与社会实践场所，图书馆、博物馆、纪念馆、展览馆，布告栏、报廊、各种标牌广告，等等。……语文教师应高度重视课程资源的开发与利用，创造性地开展各类活动，增强学生在各种场合学语文、用语文的意识，通过多种途径提高学生的语文能力。"教师应有自己的思想、观点、独特理解、审美情趣、教学个性，积极倡导"大课程"观，开发包括课内资源与课外资源、素材性资源与条件性资源、学科资源与活动资源、显性资源与隐性资源在内的所有资源，走开放性的大语文教育道路。

（二）教师是课堂教学的组织者

面对课程改革，教师首先要在新的师生关系中确认自己在课堂教学中所处的地位及作用。新课程要求教师转变自身形象，转变其作为拥有知识的权威者的角色，成为课堂教学的组织者，关注学生的主体性，使学生真正成为学习的主人。

教师必须认识并认同学生作为学习主体的地位，转变传统的"教师中心"的观念。我国传统的学校教育是以教师为中心的，在教育过程中，教师作为知识的化身单向地向学生灌输知识，在课堂教学中处于绝对的主导地位，教师仅仅把学生作为教育的客体，忽视了学生主体性的培养和发挥，学生完全处于被动地位。对于语文学科来说，这种"教师中心"的教学方式割裂了知识与学生经验之间的内在联系，忽略了语文学习的丰富性与思想性，不能很好地从学生经验出发培养身心和谐发展的个体。

新课改要求教师必须站在学生中间，从学生的经验出发，积极开发活动课程并指导学生的实践活动。教师作为组织者和引导者，要面向全体学生，了解和研究每一个学生的需要及其发展的可能性，注重个别指导，尽可能满足学生的不同需要。

对小学语文教师来说，能够为学生创设宽松愉悦的成长环境，比自身学识渊博更为重要。小学教师不再像维持纪律、不断施加压力的监工，给学生以压力和刻板的说教，而应积极营造一个接纳的、支持性的、宽容的课堂氛围，创设出能引导学生主动参与的语文教育环境。当然，宽松并非不要课堂秩序，不要学校管理准则和行为规范，在目前新课改还在逐步完善的情况下，教师仍然要发挥好在课堂上的主导作用，随时把握驾驭课堂各个活动的环节，保证课堂的良好秩序，提高教学效果。教师作为组织者，要在创设宽松愉悦环境的同时，培养学生成为能够对自己的行为负责的人。

（三）教师是学生学习的引导者

《新课标》明确了教师应是学生学习的引导者、合作者和伙伴，正如国际 21 世纪教育委员会向联合国教科文组织提交的报告中所指出的那样："教师和学生之间要建立一种新的关系，从'独奏者'的角色过渡到'伴奏者'的角色，从此不再主要是传授知识，而是帮助学生去发现、组织和管理知识，引导他们而非塑造他们。"《新课标》强调教师需要由重教的表演向重学的指导转变，教师要帮助学生改变学习方式，使学生学会自主、探究、合作的学习方式。

学生对语文材料的反应往往是多元的，教师要尊重学生在学习过程中的独特体验，并在教学中加以有效的引导。教师应根据学生身心发展和语文学习的特点，关注学生的个体差异和不同的学习需求，爱护学生的好奇心、求知欲，充分激发学生的主动意识和进取精神，倡导自主、合作、探究的学习方式；要精心设计问题情境，激发学生的学习兴趣，引导学生质疑、探究、发现，让学生一步步实现学习目标，使学生从"要我学"内化为"我要学"，从"要我发展"转变为"我要发展"。苏联教育家苏霍姆林斯基说得好："如果一个孩子，从未品尝过学习劳动的欢乐，从未体会过克服困难的骄傲，那么这是他的不幸。"

（四）教师是学生人格的塑造者

教师是学生学习的引导者，更是学生人格的塑造者。《新课标》明确指出教师在引导学生学习的同时，要努力培养学生的思想品德、人格个性，使学生成为全面发展的人。语文课程丰富的人文内涵对小学生精神领域的影响是深广的，因此，教师应该重视语文的熏陶感染作用，注意教学内容的价值取向，提高学生的品德修养和审美情趣，使他们逐步形成良好的个性和健全的人格，促进其德、智、体、美的和谐发展。

（五）教师是教学反思者、研究者

教师要成为学习的引导者，自己首先要做知识的研究者与探索者。

早在 2000 多年前，我国《学记》中就有"学然后知不足，教然后知困"的精辟论述，深刻揭示了教师职业生涯是一个不断实践、反思、学习的过程。教师只有经验的积累是不够的，还需要对自己的积累进行剖析和研究。在新课程中，教师要力求成为研究型教师。

新一轮基础教育课程改革吸取了历次课程改革的教训，为教师提供了一个开放的课程结构，留给师生比较充分的创造空间。过去教师教教材，现在用教材教，甚至在有的学习领域已经没有统一、固定的学习内容，如综合实践活动。课程的"留白"迫使教师必须转变原来"非本真"的生存状态，确立教研一体的工作方式，以适应课程改革的要求。这时的研究就不是通常意义上专门的科学探究活动，也不是学校每年一两次轰轰烈烈的点缀式的教研活动，而是一种日常学习、工作的生活方式，是一种反思性教学实践。

教育教学问题具有极大的实践性和情境性，照搬理论难以提高自己的职业能力。因此，教师要主动对教育教学现象进行科学的分析研究，通过不断的观察、反思、研究、实践，作出各种教学决策。斯滕豪斯在反思课程改革的过程中提出教师是课程的负责人。从实验主义者的立场来看，课堂是检验教育理论理想的实验室；对那些偏爱自然观察的研究者而言，教师是课堂和学校潜在的实际观察者，教师拥有大量的研究机会。人们应该承认，每个课堂都是一个实验室，每一位教师都是教育科学研究的成员。教师成为反思者、研究者，实际上是对教师本真生活的重新发掘，是对教师的重新发现。

新的课程改革理念下教师角色的转变，并不意味着对传统教师角色的全面否定，而是一种扬弃，是对传统角色的继承和发展。

第二节　小学语文教师的基本素养

一、小学语文教师素养的内涵

教师职业是专门性的职业，教师必须具备一定的素养才能胜任教育教学工作。从理论上说，教师素养对学生的发展起着决定性作用。小学语文教师素养的高低直接关系着语文教育事业的成败，关系着母语教学的希望和未来，影响着小学生的发展。因此，国际 21 世纪教育委员会在向联合国教科文组织提交的报告《教育——财富蕴藏其中》中指出："我们无论怎样强调教学质量，亦即教师质量的重要性都不会过分。"那么，小学语文教师素养的内涵是什么？

教师素养是教育科学研究中一个十分重要的理论问题，又是教育实践过程中亟待解决的问题，新课改对语文教师的素养提出了更高、更明确的要求，《全日制义务教育语文课程标准（实验稿）》要求语文教师"转变观念，更新知识，不断提高自身的综合素养"。

那么，什么是素养？"素养"一词，在《现代汉语词典》中被解释为"平日的修养"，在《辞海》中被解释为"经常修习涵养"。综合来看，素养包括素质和修养，是指人通过长期的学习和实践达到的理论、知识、艺术、思想等方面稳定的水平。

小学语文教师素养，就是小学语文教师通过长期的学习和语文教育教学实践，在其身上所形成的教育教学的涵养，包括教育理念、专业知识职业道德、教育能力等。

小学语文教师素养具有以下特点：小学语文教师素养是教师这一职业特殊性和本质性的反映；小学语文教师素养是一个综合的系统，包含丰富的结构内容，各成分之间紧密联系；小学语文教师素养同时也是一个动态的系统，是结构和过程的统一，随着时代的发展和教育实践的推进而不断更新。

二、新课程视角下小学语文教师素养的基本成分

国内外专家对教师素养的结构进行了广泛的研究。例如，美国的瑞安斯指出了能产生有效教育和无效教育的教师素养特征，英国教育家霍勒教授在《教师角色》一书中对教师的职业素养提出了六点要求：履行重要的社会服务、系统的知识训练、持之以恒的理论与实践训练、高度的自主性、经常性的在职进修、团体的伦理规范。我国对教师的素养研究一直比较关注，尤其是 20世纪 90 年代以来，出现了大量的教师素养研究成果。如北京师范大学林崇德教授通过研究指出，教师专业素养至少应包括以下成分：教师的职业理想、教师的知识水平、教育观念、教师的教学监控能力，以及教师的教学行为与策略。

对于小学语文教师素养的基本成分的分析应立足于新课程改革。《新课标》明确提出："语文课程应激发和培育学生热爱祖国语文的思想感情，引导学生丰富语言的积累，培养语感，发展思维，初步掌握学习语文的基本方法，养成良好的学习习惯，具有适应实际需要的识字写字能力、阅读能力、写作能力、口语交际能力，正确运用祖国语言文字。语文课程还应通过优秀文化的熏陶，促进学生和谐发展，使他们提高思想道德修养和审美情趣，逐步形

成良好的个性和健全的人格。"因此，小学语文教师的素养应该包括以下四个基本成分。

（一）广博的知识素养

相对于其他学科来说，《新课标》对语文教师的知识素养要求最高。语文教师要具备丰富的知识。著名语文教育家于漪老师说："语文教师要有拼命吸取知识营养的素质和本领，犹如树木，把根须伸展到泥土中，吸取氮、磷、钾，直到微量元素，只有自己知识富有，言传身教，才能不断激发学生求知的欲望。"

顾明远在《存在与发展——语文教学生态论》中指出，人的知识结构一般分为"I型""T型"和"π型"等类型。这种知识结构强调博与专的结合，指出了语文教师应具备的专业知识结构内容。

1. 语文专业知识素养

语文教师应该具备专业知识的理论素养，语文学科本体性知识是一个人成为一名语文教师的先决条件。

自语文学科建立以来，学科体系得到不断的发展，这要求语文教师必须准确系统地掌握以下语文专业知识。第一，语言学知识，包括语言学基本理论及现代汉语、古代汉语的语音学、词汇学、语法学、修辞学、训诂学、汉语史等专门知识。第二，文字学知识，包括汉字的起源、构成、发展、体系及汉字的音形义关系、汉字的规范、书写与电脑应用等。第三，文章学知识，包括文章的起源、文章的作用、文章的构成、文章的分类、文章的体制和体裁、文章的表达技法和风格等。第四，文学知识，包括文学理论、古代文学、现代文学、当代文学、外国文学以及儿童文学、民间文学、比较文学、戏剧文学、电影文学、电视文学、网络文学等知识。第五，美学知识，包括美学理论、美学史、审美及审美教育等知识。

2. 广泛的科学文化知识素养

"教给学生一碗水，首先自己就要有一桶水"，这句话说的就是语文教师在知识储备方面应该要远远大于学生。语文教师不仅要专，还要博，除具备语文学科的专业知识素养之外，还要具备广泛的科学文化知识素养，形成以语文专业知识为中心的辐射式的知识结构。语文课程具有很强的综合性，教材选文的内容包罗万象，语文新课程改革又进一步倡导语文课程的开放性，因而语文教师需要不断地吸纳各学科的研究成果和信息，如哲学、政治、经济、文化、社会、历史、军事、法律、地理、数学、物理、化学、生命等诸多学科知识，丰富自己的生活阅历和体验，兼收并蓄，让语文学习的外延与生活的外延相等，把语文课上得丰富多彩，妙趣横生。

夏丏尊先生在谈到他的老师——著名的教育家、艺术家李叔同时说，李先生教图画、音乐，学生将图画、音乐看得比国文、数学等更重。这是有人格作背景的缘故。因为他教图画、音乐，而他所懂得的不仅是图画、音乐，他的诗文比国文先生的更好，他的书法比习字先生的更好，他的英文比英文先生的更好……这好比一尊佛像，有后光，故能令人敬仰。可见，具有广博的知识的语文教师能激发小学生学习的兴趣，提升语文课堂教学的质量。

3. 教育学、心理学方面的知识素养

杜威指出，科学家和教师的学科知识不一样，教师必须能使学科知识"心理学化"，以便学生理解。在现代社会中，教育教学工作者对教育学和心理学两大学科的依赖性越来越强，语文教师必须掌握教育学和心理学的基础理论，了解学生身心发展与教育的基本规律，否则，语文教学工作难免陷于盲目。教育学与心理学是当前取得教师资格证书的必考科目，也从实践意义上表明了这两门学科对于教育的重要作用。

教育学知识包括教育的本质、发展史，教学的内容、过程、原则、方法、组织形式和评价，以及教育的政策法规等内容。语文学科教育学包括语文教育的性质、地位、作用，语文教学的目标、内容、过程、原则、方法、评价和组织形式等内容。

心理学知识包括学生在接受德、智、体、美等方面教育中的心理活动规律，学生智力和非智力品质形成和发展的规律，以及学生的学习心理活动规律和形成健康个性、健全人格的心理学知识，等等。

（二）完备的专业能力素养

能力是人成功完成各种活动所必需的个性心理特征。教师的能力由诸多方面组成，教师不仅要具备基本的能力，如人类所共有的观察力、注意力、记忆力、思维力等，而且要具备适应教育教学工作的特殊能力，能在教育教学活动过程中，运用一定的专业知识和经验，顺利完成某种教育教学任务。

国内外对教师的能力结构论述较为丰富，大多定位在教师所从事的教育教学这一职业特点上。例如，叶澜教授认为，教师的能力结构应包括一般能力和教师专业特殊能力。教师在智力上应达到一定的水平，它是维持教师正常教学思维流畅性的基本保障。教师应具备的专业特殊能力还可以分为两个层次：第一个层次是与教师教学实践直接联系的特殊能力，如语言表达能力、组织能力、学科教学能力等；第二个层次是有利于深化教师对实践认识的教育科研能力。这里教师的专业能力素养主要包括以下几个方面。

1. 创新能力

新课程改革要求培养学生的创新能力。作为教育活动的组织者，教师本身就必须具有创新能力。教师的创新能力是指教师在教育教学活动中体现出的创新教育思想、教学内容、教学方法、教学模式的能力。具有创新能力的教师能够求异、新颖、高效地解决问题，分析问题，总结问题。

面对新的教育环境与教学目标，教师需要接纳新的教学理念，吸收最新教育教学成果，创建新的教学模式，并将其运用到教学实践中去。

2. 语言表达能力

语言表达能力是指在口头语言和书面语言中运用字、词、句、段的能力。

语言表达是教师对学生实施教育教学的最重要手段，即使在现代化多媒体技术广泛应用于教学领域的今天，课堂教学中教师语言的功能仍不可替代。教师借助语言表达，传递教学信息，启发学生思维。因此，教师的语言表达能力直接影响教学效果。一般而言，教学语言可分为口头语言（有声语言）表达、书面语言表达（板书板画）和身体语言（无声语言）表达三种类型。小学语文教师的语言表达尤其重要，在口头语言表达方面，教师要能用准确严密的语言进行表述，所用语言要合乎语言规范，语意流畅贯通，条理清晰，语言要鲜明、生动、富有形象性，同时在口头语言表达时讲究声调、音速和节奏。在书面语言表达方面（主要体现在板书、板画上），教师要做到书写规范，语言运用准确，表达清晰，逻辑鲜明。良好的语言表达能力能有效启发学生思维，调动学生学习的积极性、自觉性，从而提升课堂教学质量。

3. 教学评价能力

这部分内容已在第八章中谈及，这里只简要说明。教学评价能力主要包括评价学生学习质量、评价自身和其他教师教学质量、评价语文教材三种能力。

4. 教育科研能力

科研是科学研究的简称，是创新和应用知识的探索过程，是通过一定的手段对某一现象进行有目的、有计划的探索活动，以求得到该现象的认识和解释或结论的过程。

教师的教育科研能力是指教师作为教育实践工作者的同时，将理论联系实际，从事与教育教学相关的各类课题的研究的能力。教师在从事教育教学工作的同时，要善于发现问题，善于探索、刻苦钻研，能按照教育研究的方法开展教学研究，能够独立地选择有价值的课题，设计研究方案，实施教育科学研究计划，撰写相关的研究报告，创造性和系统地解决教学中的理论或实践问题。

5.信息处理能力

信息化是新时代的一个显著特征。人类正在迈入一个以知识和信息的生产、交换、分配以及消费为基础的知识经济时代，新知识随之层出不穷。"知识爆炸"正是信息化社会知识发展的一个形象的描述。这要求小学语文教师具备相关的信息素养，具备一定的信息处理能力。

教师信息处理能力是指教师利用信息的能力，具体包括：对信息具有高度的敏感性，能够广泛地接受各种信息，迅速而准确地发现和掌握所从事学科专业新的研究成果、新的论点；对接收到的信息能够进行整理加工、分析研究和转化；能科学地表达和发现自己的信息需求，掌握获取信息的基本方法，获取自己需要的信息。

6.教学设计的能力

教学设计能力是指教师在课前根据学生的特点，对教学内容进行组织加工，并选择恰当的教学模式与方式方法，以取得教学效果最优化的能力，包括分析学生特点与组合教学内容、确定恰当的教学目标、选择教学模式与教学策略、预测课堂情形变化等能力。小学语文教学以学龄初期儿童为对象，小学语文教师要结合这一时期儿童的心理特点进行教学设计，努力把教学活动组织得生动活泼。

7.教育教学交往能力

教育教学交往能力是指教师在教育教学过程中，与他人交流信息、沟通情感、相互知觉和相互作用的能力。教育教学是一个系统工程，涉及广泛的社会关系，教师除了要面对学生，还要面对学生家长、学校同行教师以及其他社会中的教育力量，因此，教师必须具备一定的教育教学交往能力。

教育教学交往能力是教师有效实现与学生的双向沟通所必需的条件，是语文教师与学生形成对话的必备条件，也是教师群体形成教育合力、教师与社会各界合作搞好学校教育，以及积极投入社区精神文明建设所必需的。

8.组织和调控课堂的能力

课堂是由教师和学生参加的一种集体活动，课堂离不开管理。教师在教学过程中的主导作用在于能够控制和调节教学过程中的各种因素和变量，导引课堂教学行为，制约教学效果。组织和调控课堂能力是保证教学过程顺利、有效进行的重要条件。

教师的组织和调控课堂的行为贯穿于课堂教学的全过程。在课堂教学的组织、调控中，既定的教学目标是灵魂，教学程序是蓝图，教学评价是手段，合理组织、调控课堂结构是核心，小学阶段的学生从低年级到高年级有不同的行为心理特点，教师应准确洞察学生心理，运用教育机智，艺术地处理突发事件，融洽适宜的课堂氛围，以保证课堂教学的顺利进行。

（三）良好的心理素养

教师心理素养的内涵呈现出多样化特征。一些研究者认为，所谓教师心理素养，应该是那些与学生身心发展密切关联的心理品质的总和，而不是一切心理品质的总和。林崇德将教师心理素养定义为"教师在教育活动中表现出来的，决定教育教学效果，对学生身心发展有直接而显著影响的心理品质的总和"。唐迅等人将教师心理素养定义为"教师在从事教育实践中生成和积淀的社会文化素养、教育专业才能和人格心理品质"。

教学活动实质上是一种教师和学生及教学内容之间多向的交流过程，是一种以心理活动为主的人为作用过程，对小学生的个性将产生深刻的影响。小学语文教师具备良好的心理素养，对于提高教育教学效果，更好地与学生进行交流与合作，促进学生的个性发展，实现教师自身事业的成功均有重要的作用。教师良好的心理素养主要包括以下几个方面。

1. 完备的智能品质

完备的智能品质包括：高度的注意力、敏锐的观察力、清晰的记忆力、良好的思维力、丰富的想象力等，这些是教师必备的智能条件，是完成教育教学工作的基本智能要求。

2. 良好的自我意识

自我意识是个体对自己的身体、活动和心理等方面的认识和态度，是人格的核心。教师能通过自我观察、自我体验和自我评价而获得正确的自我认知，以成功扮演各种心理角色。具有良好自我意识的教师能够了解自己，接纳自己，客观地进行自我评价，目标拟定得切合实际，对自身定位正确，能够扬长避短，发挥自身的优势。

3. 积极稳定的情绪

教师要有积极的人生态度，善于看到事物的光明面；正确对待生活、工作中的挫折，及时调整自己的不良情绪状态；善于控制自己的不良情绪；要宽容、大度；等等。负面情绪的进一步发展，不但会对身体健康造成危害，而且教师难免将这些情绪带进课堂，对学生的心理形成不良的影响。教师要会学合理宣泄焦虑，学会心理调适，放松自己。在课堂教学中要注意学习中的情感作用，建立和谐融洽的师生关系，激发学生的积极主动精神，以形成情感融洽、气氛适宜的学习情境。

4. 坚强的意志品质

意志是人在完成一种有目标的活动时所进行的选择、决定与执行的心理过程。教师只有具有坚强的意志，才能不怕困难，坚持到底；才能勇于开拓，不怕失败；才能在行动中控制情绪和言行，有自制力而不冲动。

5. 良好的适应环境能力

教师要在环境改变时要勇于面对改变，并对环境作出客观的认识和评价，调整自我，使自身的素质、行为能符合新形势、新环境的要求。当前教育环境的不断变化，这要求教师能认识和把握环境的变化，认清自己的角色，及时调整和适应环境的变化，顺应教育改革的潮流。

6. 构建良好的人际关系能力

教师的职业特点决定了教师应以积极的态度同他人交往，在教育活动中，交往的对象主要有学校的领导、同行教师、学生及学生家长。教师应该学会构建良好的人际关系，学会与不同身份的人相处，在和谐的人际关系中取得良好的教学效果。

（四）高尚的道德素养

语文教师道德素养是指表现在语文教师身上的那些符合某种政治主张、思想观点、道德标准的稳固特征和倾向水平。

教师的道德素养对小学生的身心发展有着不可估量的作用。李景阳在《语文教学论》中指出："语文教学首先是一门'人学'。教师对真、善、美的由衷景仰，对假、丑、恶的愤怒、鞭挞，都可折射出人格美的光辉，给学生带来强烈的感染、深沉的思索。"教师有声的言教与无声的身教都对小学生有着重要的影响。

由于教师职业具有突出的示范性、公共性和教育性，相对于多数职业应有更高、更严的职业道德要求。2008年，我国对《中小学教师职业道德规范》进行了修订，要求教师在道德方面必须做到爱国守法、爱岗敬业、关爱学生、教书育人、终生学习、为人师表等。笔者具体从以下五个方面来分析语文教师应具备的道德素养。

1. 忠于祖国，献身教育

忠于祖国是每个公民人生的基本准则，献身教育则是教师道德素养的最主要的一点，是决定教师其他道德素质的前提。只有热爱教育事业，才能成为优秀的人民教师。著名教育家陶行知留学回国后，不做教育部长，不当共青团书记，而终身安于"茅茨土阶""粉笔生涯"，他投身教育30年，桃李满天下，情怀高尚而鞠躬尽瘁。

教师要在思想上、政治上同党中央保持一致，自觉接受和坚决拥护中国共产党的领导，把热爱祖国、热爱中国共产党、热爱社会主义的品德同热爱自己所从事的教育事业紧密联系在一起，做到爱岗敬业，甘于奉献。

2. 热爱学生，诲人不倦

热爱学生，诲人不倦，是教师道德素养的基本准则。教师要把自己的心血灌注到学生身上，像慈母一样精心地培养一代新人，一个教师能用"爱生如命"的思想感情去教育学生，是教师高尚无私人格的体现。

热爱学生，首先要树立以学生为本的教育观念。教师应公平对待每一个学生，因材施教，尤其要关爱那些品行有缺陷、学习有困难的学生。教师面对个性差异的学生，不能有偏爱现象，要相信每一个学生都有成功的潜能，教师既要赏识学生的优点、进步和个性，又要能宽容学生的过失、错误和弱点，期待学生的转变和成长。教师要尊重学生的人格、尊严和权力，用爱心换取学生的尊重。

3. 严于律己，为人师表

教师要言行一致，表里如一，以身作则，作出表率。要教育好学生，教师必须先严格要求自己。杜勃罗留波夫曾经说过："如果儿童的怀疑涉及教师的道德方面，则教师的地位就更不幸了。"

小学生把教师当作自己的楷模，对教师的话唯命是从。在孩子的心中，教师是知识的化身，是自己学习的榜样。教师的工作作风、学习态度、劳动习惯、待人接物，甚至板书、发型、言谈举止都被小学生们关注，因此，教师要在文化修养、思想境界、道德情操等各方面真正成为学生的表率。只有这样，才能在学生中有较高的威望。孔子说："其身正，不令而行；其身不正，虽令不从。"

4. 团结协作，互勉共进

教育工作是一项综合性事业，是一个完整的过程，在教育过程中，教师之间要团结协作，互相尊重，互相学习，取长补短。同时，教育又是一项系统工程，各方面必须共同努力才能够完成。因此，教师与家长、学校与家庭、学校与社会等各方面应相互协作，积极配合，共同完成教书育人的任务。在教师专业发展的新环境下，教师之间尤其要注重团结协作，互相尊重，虚心向他人学习，学校领导要尊重教师。

5.努力学习，刻苦钻研

终身学习是时代发展的要求，也是教师职业特点所决定的。教师担负着教书育人的责任，当今时代，科学技术在迅猛发展，新的研究成果、哲学观点、生活方式、道德观念、教育对象等诸多方面都向教师不断提出新的课题，作为一名教师，如果不能不断更新充实自己，就会被时代所淘汰。

因此，教师要崇尚科学精神，树立终身学习理念，拓宽知识视野，更新知识结构，潜心钻研业务，勇于探索创新，不断提高专业素养和教育教学水平。

三、小学语文教师素养发展评价

小学语文教师素养的发展表现为教师在外在的动态激化、支持下的主动发展。随着小学语文课程改革的深化，对语文教师的素养实施评价显得十分重要。

教师评价对教师职业及其活动的影响非常突出，它影响到对教师职业的选择、教师工作中的动机和需求、教师专业水平的提高、教师职业的专业化、教师的个性和尊严。科学合理的评价具有导向、鉴定、改进、激励、管理功能，对促进教师的专业发展、提高教学效能、实现新课程改革目标具有十分重要的意义。

（一）教师素养发展评价概述

教师素养发展评价是近些年来各国学者、管理人员和广大教师关心的领域，丰富的评价方法与体系的探索，使得教师发展评价日益丰富。但人们至今未开发出得到广泛认同、简便高效的评价模式。

美国肯塔基大学教育政策与评价系的古斯基教授在《教师专业发展评价》一书中，首先提出了专业发展活动的特点，阐述了专业发展评价的 12 条原则，建构了拥有五个层次的专业发展模型，分别是学员的反应、学员的学习、组织支持和变化、学员对新知识和新技能的使用、学生学习结果。每个层次的评价都涉及如何评价评价对象对专业发展活动的反应、教师所在组织的支持和变化、评价对象对新知识和新技能的应用，以及教师所教学生的学习结果。普林斯顿大学教育咨询员丹尼尔森和伊利诺伊大学的麦格里教授合作完成的《教师评价——提高教师专业实践能力》根据教师专业发展不同阶段的特点，提出了一个系统的"区分性教师评价体系"，指出用不同的评价标准和方法去评价处于不同发展水平的教师，教师评价才有助于教师的专业发展，并设计了三个层次的评价结构，分别是新教师、获得任职资格的教师、具有教师资格但需要专业援助的教师。美国马丁—克尼普博士提出用"专业档案袋"记录和反映教师的成长。他设计了四种用途各异的教师专业档案袋：教师作为学习者的档案袋、教师作为课程和评价的档案袋、教师作为研究者的档案袋和教师作为专业开发者的档案袋。

我国的教师评价制度出现较晚，萌芽于20世纪50年代，开始于20世纪60年代，直到20世纪80年代以后去国才有比较正式的评价制度。自改革开放以来，我国的教师评价制度的发展可主要分为两个阶段：1978—1986年间是教师评价制度的恢复与初步发展阶段；1987年以后是我国教师评价制度的法制化与全面建设阶段。

关于教师素养的评价，我国传统的评价主要以提高教师的教学技能为评价目的，以鉴定分类、奖优罚懒为主要评价功能，注重单项评价，主要采用量化考核、静态终结性评价，强调自上而下的考核，忽视教师的自我评价。

随着教育活动的发展，原有的教师素养评价模式已经不能够满足新的教育发展需求，我国急需完善教师素养评价体系。

（二）新课改背景下教师素养发展评价的原则

2002年12月，教育部发布的《关于积极推进中小学评价与考试制度改革的通知》指出："中小学教师评价制度的改革，要有利于加强教师职业道德建设，促进教师业务水平的提高，建立有利于实施素质教育，发挥教师创造性的多元的、新型的中小学教师评价体系。"

根据现代教育评价理论，评价的内容指标涉及评价的具体目标和评价对象的总体状态。尽管教师发展评价内容指标的确立十分复杂，评价的体系还在探索当中，但是在对评价内容制定标准时，依然有规律可循。在新课程视角下对小学语文教师素养的发展作出评价，应遵循以下几个原则。

1. 整体性原则

教师劳动是一项复杂的劳动，具有任务的多样性、教学过程的复杂性、劳动的集体协作性、劳动手段的特殊性和灵活性等特点，在此过程中展现出的教师素养就是一个由多因素、多层面、多变量构成的有序的动态系统，教师素养的评量项目中，有的属于认知领域，有的属于技能领域，有的属于情意领域。教师素养评价必须全面评价教师素养的各个方面，力戒片面性。如果过分地强调了某一因素，就会导致系统失去平衡。

评价者对教师进行评价时，不仅要关注教学的结果，而且应注意对教学过程的评价。评价工作应围绕教学这一中心，对备、教、改、辅、考、研的教学过程进行评价，充分关注体现在教学的过程中的教师素养，只有这样，才能促进教育、教学、科研工作扎实地开展，真正调动全体教师工作的积极性。另外，评价者在评价时，要注重教师的个人价值、伦理价值和专业价值。

2. 科学性原则

教育评价要有科学的态度，应以事实为依据，按照客观规律办事。首先，评价要具有真实性和准确性。评价者能够对评价项目进行清晰和准确的描述和证明，场景分析充分细致，信息收集可靠、有效。教师素养评价的第一步是收集评价对象的信息和资料，这是做出评价的依据，是评价的基础。如果信息本身是虚假的，就难以得出正确的结论。其次，评价应有科学的指标和标准，即评价标准的选取要有科学的根据。评价体系要符合教育规律、教学原理、教师的职业特点和心理特点，指标要素之间要避免重叠并相互包容，要具有整体完备性，即指标体系不仅应能完整地反映教师专业发展水平的各个方面，而且权重设置也应适宜，既要注意同级指标之间的相互独立性，又不使之偏颇。最后，评价要有科学的技术和方法，评价方案的设计、信息的采集、结果的合成与处理等要具有可靠性和有效性。评价者应利用科学的手段和方法全面地反映评价，并作出正确分析和价值判断。

3. 激励性原则

激励性原则是指在评价过程中，评价组织者和评价人员要注意最大限度地调动各个方面的积极性。

心理学原理表明，需要产生动机，动机激发行为。教师素养发展评价根本目标是促进教师的素养发展，而教师实现素养发展是在不断反思、不断改进的基础上实现的。评价要调动评价对象的参与活动的积极性，也要保护和调动评价者进行教育改革与发展的积极性。评价要注重从筛选淘汰功能走向引导功能，要肯定教师的成绩和进步，发展教师的特长，激发教师的成就欲望。另外，评价者还要向教师提供评价的反馈信息，帮助教师反思和总结教学中的问题和不足，分析产生问题的原因，探讨解决问题的途径与方法，帮助教师确立自我发展目标，引导教师素养的发展。

4. 动态性和多样性原则

教师素养发展本身处于一个动态的过程当中，教师素养发展评价相应地就具有动态性的特点。一方面，评价的体系会随着教育发展而变化；另一方面，教师处于不同的发展阶段，其评价的指标也应呈现相应的区别特征。

另外，教师教学工作的评价方法应坚持多样性的原则，新课程的实施强调建立促进教师不断提高的评价体系；强调教师对自己教学行为的分析与反思，建立教师自评为主，校长、教师、学生、家长共同参与的评价制度，使教师从多种渠道获得信息，不断提高教学水平。对教师教学工作的评价应突破以往定性、定量为主的，固定单一的传统评价方式，注重并提倡过程的、多角度和发展的评价手段，如采用同事评价、自我评价、专家评价等评价方式；注重长期的未来发展目标，不以一时的评价定乾坤，注重过程性评价与终结性评价的结合，注重质性评价与量化评价相结合。

总之，评价者对小学语文教师素养的发展评价要做到"全面评价，注重过程，关注起点，纵向比较"，通过评价引领教师素养的发展。

第三节　小学语文教师的专业发展

一、小学语文教师专业成长的过程

国内外许多学者都曾经对教师专业成长与发展问题进行过探讨。认识教师专业成长过程，是科学思考教师专业发展阶段的前提。小学语文教师的专业成长过程，实际上是在工作实践场景中发生的"三体协同发展"过程，即教师专业素养的三元素——从事语文教育工作的专业知识、专业能力与专业情意的共同发展过程。

二、小学语文教师的专业发展阶段

许多学者认为教师专业发展阶段的安排，源自对教师专业成长过程及其规律的思考。与一般教师发展阶段相似，小学语文教师专业发展中也会呈现出一系列的阶段，对这些阶段进行分析，是小学语文教师自觉掌握自我专业发展进程，筹划自己的专业生涯，不断走向专业成熟的前提。

（一）国外研究

在国外教师专业发展理论中，费斯勒的观点较具有代表性。1984年，他在观察、访谈和典型调查的基础上，提出了一种整体、动态的教师专业发展阶段理论，即教师生涯循环论。他指出教师在成长中需要经历以下几个阶段。

1. 职前教育阶段

这是师范生的培训时期，该阶段为新教师提供的是一种准备性教育，一般是在大学或师范学院进行的一种师资培育阶段。

2. 引导阶段

这个阶段指的是教师初任教师的前几年，是教师尝试进入学校系统和学习每日正常工作的一个过渡性阶段。在此阶段，新任教师会努力寻求学生、同事、督导人员等的接纳，力图使自己的工作得到他人的认可。

3. 能力建构期

这是教师努力增进自己的教育相关知识，提高教学技巧和能力，设法获得新的信息与教学方法策略的阶段。在该阶段，教师会努力接受与吸收新的观念，参加各种研讨活动，不断提高自身的业务水准。

4. 热情成长期

这是教师不断成长的一个重要阶段。在该阶段，优秀教师会热爱教育事业，继续追求专业成长，努力寻找新的方法来丰富自己的教学活动。

5. 职业挫折期

这是教师专业发展中的受挫阶段，教师往往容易怀疑自己的职业选择，甚至产生"职业倦怠"，影响自身专业的成长与进步。

6. 职业稳定期

在该阶段，部分教师会产生得过且过，甚至是缺乏进取心、敷衍塞责的心态，不会主动追求教学的卓越与专业成长。

7. 职业消退期

这是教师准备离开教育岗位的低潮时期，部分教师会被迫离开教育工作岗位，放弃专业的追求。

（二）国内研究

我国许多学者研究发现：教师专业发展过程可以区分为四个阶段，即准备期、适应期、发展期和创造期。在准备期，教师的主要专业发展任务是专业学习，不断增加自己的专业知识积累与储备，获得从教所必需的知识与技能，属于一种职业准备阶段；在适应期，教师的主要专业发展任务是适应新教育环境，开始自己的入职专业发展阶段，此时，教师在职前获得的专业知识与技能开始真正地被用于教育情境中，教师的实际专业能力开始形成；在发展期，教师进入一个快速发展时期，新的专业经验持续扩展，教师对教育工作的新认识不断形成，逐步逼近专业成熟；在创造期，教师开始结合自己的教育经验进行融会贯通式的创新，新的教育智慧开始在他们身上形成，他们逐渐形成了一种对教育问题的独特理解与应对方式，教师专业迅速成长并进入娴熟时期。

这些专业发展理论同样适用于小学语文教师的专业发展过程。小学语文教师应从中汲取智慧，科学设计自身的专业发展全程。

三、小学语文教师的专业发展路径

要建立一种合理的专业素养结构，小学语文教师就必须在遵循教师专业成长阶段规律的基础上，求助于一些科学、有效的专业发展途径来实现。实际上，每一位小学语文教师都是在教育环境中成长起来的，教师可能早已具备了从教所需要的某些知识与技能类型，如教学常规知识，他们需要准备的是那些暂时还不具备的语文教学知识与技能类型。为此，审视自己的实际，发现自己既有专业结构的缺陷，积极通过学习、实践研究等方式，来不断完善自身的知识结构，是小学语文教师顺利迈向专业成熟的基本渠道。小学语文教师一般有以下几条专业发展路径。

（一）学习

小学语文教师获得专业发展的基本路径是学习，学习是完善其知识结构、丰富其专业技能的有效渠道。任何人要发展，要成熟，就必须参与学习活动，就必须投入学习过程中。学习的对象、内容、方式、方法是多样化的。语文教师可以向同事学习，向基层专家学习，向名师学习，向教育对象——学生学习；可以学习书本知识，学习实践经验，学习教学基本功——"三笔字"（粉笔字、毛笔字和钢笔字）、简笔画、普通话、课件制作，学习专业知识（包括学科专业知识与教育专业知识），学习广博的文化知识、人文史地知识、科普知识、安全知识；可以在课堂中学、在实践中学、在生活中学、在反思中学，可以自学、向他人学习；等等。

总之，专业学习的形式是多种多样的，专业学习的空间是无限的，专业学习的道路是无止境的。学习是人与外界环境进行知识、信息交流的基本途径，是人从外界、他人、社会那里吸收有价值的信息，发展壮大自己的必由之路。因此，只有不断学习，才是语文教师走向职业成熟、事业成功的阶梯，才是他们超越自我、超越现状的路径。小学语文教师不仅要努力学习课程大纲、《新课标》中规定的课程知识，而且要到大自然、社会中去学习，积累语文教学必需的生活经验与素材；不仅要抓紧宝贵的课余时光与研修时间去学习，还要坚持终身学习，学习不辍，逐渐养成经常学习、自觉学习、认真学习的习惯。这样，久而久之，语文教师的知识结构会日趋完善、日益合理化，其应对语文教育实践的能力才会得到加强。

（二）交流

小学语文教师完善专业素养结构的另一条重要途径是交流，交流是实现教师知识增长、素养结构合理化的有效方式。专业交流是两个或几个语文教师在一起相互倾诉、交换观点、探讨问题、商讨对策、分享经验的一种专业对话活动。语文教师专业交流的内容几乎是无所不包的，有关语文教育活动的认识、体验、感受、考虑、见解、突发奇想等，都可以交流；专业交流的形式也是多样化的，可以开座谈会，可以举办"沙龙"，可以开经验交流会，等等。专业交流是观点的碰撞，是新语文教育思想的摇篮，是发现语文教育人才的平台。小学语文教师只要始终保持活跃的思维状态，善于吸纳超前的思想理念，保持敢于表达自己专业意见的姿态，就可能随时随地地在专业交流中获得预期发展。小学语文教研组应该开展各种形式的讲坛、论坛、沙龙，并邀请相关语文教育人士、学者、教师参加，以此来为语文教师的专业发展创造一个良好的交流平台。

同时，学校还可以利用优越的网络资源，在校园网上开办能够满足不同语文教师专业发展需要的虚拟社区、QQ群、教育博客、小学语文网站等，以此来为语文教师拓宽专业视野、丰富专业认识、发展自己专业提供方便和舞台。只有这样，语文教师才可能获得大量在书本上难以获得的语文教育知识，才能为其专业素养结构的持续优化提供一个开放性的学习空间。

（三）实践

语文教育工作是一项具有很强实践性的工作，将专业理论知识灵活地应用于实践形成丰富的教学实践性知识，是小学语文教师走向职业成功的必需环节。对语文教师来说，参与教育实践，获得相关实践性知识，是他们建立合理、完善的专业素养结构的重要内容。在职业发展中，语文教师只具备大量的理论性知识，是难以适应小学语文教育工作要求的，因为这些语文教育知识只有在被灵活运用之后，才能转化成为一种"活"知识，一种能够对提高教学质量产生直接效能的教育智慧。

否则，语文教师所具备的专业教育理论、专业知识，极有可能退化为本本式的"教条"，难以走进鲜活的语文教学实践，走进小学生的心灵。一句话，参与语文教育实践，是语文教师将语文教育知识变"死"为"活"，增强语文知识的灵活性和适应性的必经之途。学校要帮助语文教师完善其专业素养结构，就必须定期或不定期地带领语文教师开展课堂教学竞技活动，推动语文教师参与实践性知识共享活动，让教师获得专业的迅速成长。

参考文献

[1] 金杰. 小学语文口语交际课程开发的探讨 [J]. 新教师，2017（12）：60-61.

[2] 黄剑丽. 优化小学语文课程中的阅读教学的思考 [J]. 教育现代化，2017（51）.

[3] 狄成艳. 小学语文核心素养下的日常课堂教学设计 [J]. 华夏教师，2017（23）.

[4] 沈兴. 小学语文课程的有效教学策略浅论 [J]. 中国校外教育，2017（34）.

[5] 周莉. 小学语文核心素养课堂的实践 [J]. 科学咨询（教育科研），2017（12）.

[6] 刘佃发. 谈信息技术与小学语文课程的有效整合 [J]. 中国校外教育，2017（S1）.

[7] 马瑞雪. 关于小学语文教学中存在的问题和解决措施 [J]. 课程教育研究，2017（49）.

[8] 杨爽. 小学语文教学中的创新教育研究 [J]. 中国校外教育，2017（S1）.

[9] 赵齐辉. 在新课程条件下看小学语文教学存在的问题 [J]. 华夏教师，2017（10）.

[10] 陈锡银. 强化小学语文课程中的情感体验教学 [J]. 语文知识，2017（22）.

[11] 韩洁. 小学语文口语交际教学实施策略初探 [J]. 黑河教育，2017（11）.

[12] 顾维敏. 情境教学在小学语文教学中的应用 [J]. 文化创新比较研究，2017（32）.

[13] 徐淑. 如何在小学语文口语交际课程教学中提高学生的口语交际能力 [J]. 西部素质教育，2017（20）.

[14] 鞠家骥. 新课程背景下的小学语文教学 [J]. 现代交际，2017（17）.